DEUXIÈME EDITION

EN PLEIN AIR PAR ADRIEN MARX

PARIS
DENTU & Cⁱᵉ, LIBRAIRES-EDITEURS   PALAIS-ROYAL

S°
233

EN PLEIN AIR

EMILE COLIN — IMPRIMERIE DE LAGNY

ADRIEN MARX

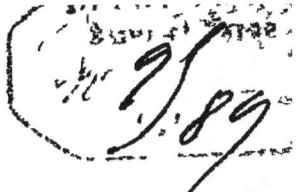

EN PLEIN AIR

PARIS
DENTU ET CIE, ÉDITEURS
LIBRAIRES DE LA SOCIÉTÉ DES GENS DE LETTRES
PALAIS-ROYAL, 15-17-19, GALERIE D'ORLÉANS
ET 3, PLACE DE VALOIS.
—
1887
Tous droits réservés

A LOUIS SINGER

Il est naturel, jeune et cher ami, que je vous dédie ces impressions sportives, champêtres et cynégétiques — car c'est sous le toit du château de Neufmoutiers et dans les giboyeuses futaies qui l'entourent, que j'ai, pour la première fois, apprécié les plaisirs de la chasse mariés aux charmes d'une intelligente compagnie et aux gâteries d'une cordiale hospitalité.

ADRIEN MARX.

Paris, septembre 1887.

EN PLEIN AIR

NICHES A L'OCTROI — UNE OUVERTURE DE CHASSE

Je n'apprendrai rien à mes lecteurs en leur disant que le Français — né malicieux plus encore que malin — éprouve une satisfaction singulière à duper l'octroi. Chiper quelques centimes au fisc donne à certains chasseurs des joies qu'une bonne action ne leur procurerait pas!... Ma mémoire fourmille d'anecdotes sur ce sujet.

Un nemrod, voulant faire franchir à son gibier les grilles de la gare de Lyon, a fait, en traversant Melun, emplette d'un énorme brochet — dont il a dévoré le corps à la sauce aux câpres, mais dont il a mis de côté la tête et la queue. Puis, il a entassé dans une longue bourriche les cadavres de ses victimes. Il les a recouverts de paille, en ayant soin de placer bien en évidence, aux deux bouts du colis, la tête et la queue du poisson et, arrivé à Paris, il a déclaré un brochet de dix livres.

— Mes compliments ! lui a dit ingénument l'employé. Voilà une belle pièce !

Le tour était joué.

Un autre a dissimulé, dans son gibus, six perdreaux et six cailles. Au moment de franchir le guichet, il rencontre sa fiancée, accompagnée de sa mère. Impossible d'éviter un court entretien, et il lui faut rester couvert !

— Mademoiselle, a-t-il murmuré à sa future, surprise de ce manque de savoir-vivre — excusez-moi de vous parler avec mon chapeau sur la tête... Je vous expliquerai tout un jour... En attendant, *mystère et salmis !*

Un troisième avait garni des dépouilles conquises à la sueur de son individu les dix poches de son ample par-dessus. A la sortie des voyageurs, le préposé à l'octroi lui enjoignit d'ouvrir sa valise :

— Volontiers, fit-il... mais j'ai les mains bien embarrassées... Auriez-vous l'obligeance de tenir mon paletot un instant ?

Et, durant l'opération, l'employé portait gravement les corps du délit.

———

J'ai quitté Paris un samedi soir par la gare de l'Est et je suis débarqué, alors qu'il faisait déjà nuit, dans un hameau distant de ma destination d'environ quinze kilomètres. En boulevardier insouciant, j'avais pensé trouver, sur place, dix carrioles jalouses de me déposer, moi et mon chien, dans les bras du fermier qui m'avait invité... Je serai désormais plus circonspect.

Après deux heures de vaines investigations par les rues du village déjà endormi, je pus enfin, à force de prières et en montrant un louis neuf, attendrir le boulanger de la localité. Il daigna — non sans grommeler — atteler au véhicule qui lui sert à porter ses miches dans les campagnes, un petit âne roux dont le moindre défaut était d'avancer de travers — à la manière des crabes. Quant au char traîné par ce quadrupède fantaisiste, son souvenir restera longtemps gravé dans ma tête et dans... d'autres portions de ma personne. Dépourvu de ressorts, il donnait la sensation du trot d'un cheval étique et sans selle. Il avait de plus, avec les navires, ce point commun de posséder roulis et tangage. Enfin — la fatalité ne sait rien faire à demi! — l'absence de lanternes, explicable dans une guimbarde qui ne travaille que de jour, me força de tenir à la main, tout le long de la route, une chandelle dont le suif coulait sur mes habits, et dont la flamme jaune projetait sur la chaussée des lueurs fantastiques. Le petit âne roux avait peur des arbres subitement éclairés en sorte que nous chavirions dans les fossés ou sur des tas de pierres. Dans la secousse, la chandelle s'éteignait, et sa mèche, fumant sous mon nez, achevait de me barbouiller le cœur. Le boulanger, furieux, tempêtait dans l'obscurité et crachait ses jurons dans ma direction — réalisant la donnée assez logique d'un cocher qui envoie des postillons.

Enfin, après quatre heures de cahots mortels, nous touchâmes le but. Malgré l'heure avancée, tout le monde veillait dans la métairie. Affaissé plutôt qu'assis, dans une salle basse, le fermier, la fermière, leurs huit enfants, le berger et la gardeuse d'oies pleuraient à chaudes larmes. Je crus à un deuil récent, et tout en me frottant les reins, je m'enquis des causes de cette lamentation générale.

— Ah monsieur! me répondit entre deux sanglots le fermier consterné, le malheur s'est abattu sur nous... Il y a quinze jours, nous perdions un cochon gras et voilà que notre poulain a des coliques... Venez voir.

Certes, un poulain qui a des coliques est digne d'intérêt, mais j'avoue que j'eusse préféré mon lit à une visite à l'écurie.

Il m'y fallut aller pourtant. Le poulain lâché le matin dans un pré mouillé avait trop mangé d'herbe fraîche, et le sainfoin, qui avait bien passé par un bout, se refusait à en faire autant de l'autre. J'exprimai l'avis qu'il serait opportun de déblayer les voies. Parole imprudente! Je dus aider mon hôte à administrer, sans plus tarder, au gourmand le remède indiqué en pareil cas, et tandis que je prêtais mon ministère à l'opération, je pensais à mes amis du club... Croyez-vous qu'ils eussent ri de me voir dans cette situation ridicule !

Cependant, le jour — (plus heureux que moi, puisqu'il s'était couché) — venait de se lever, clair et frisquet. Je m'équipai à la hâte, et après avoir sifflé mon chien Trim et chargé mon fusil, je m'engageai dans la campagne.

Vous connaissez la phrase normande ? « Pour une année où il y a des pommes, il n'y a pas de pommes, mais, pour une année où il n'y a pas de pommes, il y a des pommes, » Eh bien, on pourrait appliquer cette formule aux perdreaux de cette année-là.

Les pluies avaient été contraires aux développements des couvées, en couchant les blés sur les nids. Les compagnies m'apparaissent maigres et rares : leur effectif est en pleine adolescence, et c'est pitié de voir tomber, sous le plomb, des oisillons gros comme des mauviettes. On en peut dire autant des lapins qui, contrariés dans leurs dernières amours, ne promettent d'être nombreux qu'à l'arrière-saison. Les lièvres ont mieux réussi.

Par contre, la qualité du gibier sera exceptionnellement bonne. La moisson a été belle ; les avoines ont prospéré, les graminées de toutes espèces ont laissé tomber sur le sol force grains — dont les « pouillards » se sont régalés. Ajoutez à cela que les trèfles et les luzernes sont magnifiques, et que les regains offriront longtemps encore — au poil autant qu'à la plume — des couverts plantureux...

Ces champs verdoyants et fournis, qui enchantent l'amateur de venaison savoureuse, ont malheureusement, pour les possesseurs des bois attenant aux plaines, l'inconvénient d'attirer hors des taillis les lapins et les lièvres. Ces animaux avisés préfèrent les fourrages opulents des vallons aux coriaces frondaisons des forêts. Et la note des dégâts à payer aux paysans — propriétaires des cultures dévastées, — monte à des hauteurs vertigineuses. Les contestations et les protestations s'élèvent par milliers. Finalement, se plaident des procès nombreux aboutissant à des indemnités qui, bon an mal an, se chiffrent, pour le département de Seine-et-Marne seulement, à près de 200,000 francs !

Nous savons, dans un chef-lieu voisin de Paris, un avocat qui ne s'occupe uniquement que des dégâts du gibier et qui excelle dans ce genre d'affaires, au point d'y trouver plus d'honoraires que les princes de la barre parisienne. Dans la chaleur de ses discours, il se substitue volontiers aux lapins incriminés. C'est lui qui s'écria, un jour, en tendant ses mains suppliantes vers le tribunal :

— Eh bien, oui ! nous l'avouons ! nous avons grignoté les tiges des betteraves du père Mathurin, mais le père Mathurin est-il autorisé à nous demander mille écus de dommages-intérêts, alors que ses betteraves sont saines et sauves? Demande-t-on à celui qui a effleuré les lèvres d'une jeune fille la même réparation que s'il lui avait fait subir le dernier outrage ?

Mais revenons à mon expédition.

De mon adresse je ne dirai rien. Si j'ai accompli quelques exploits, j'en dois partager la gloire avec mon excellent fusil et aussi avec mon chien, dont les qualités émerveillent les connaisseurs qui l'ont vu à l'œuvre.

Bien m'en prit, d'ailleurs, de « mettre au droit » comme disent les gardes. Lorsque je revins à la ferme, vers midi, affamé et tirant la langue d'une aune, je retrouvai le personnel du matin plongé dans la même désolation. Le poulain n'allait pas mieux. Non seulement notre traitement avait été infructueux, mais — indice grave — le jeune coursier refusait absolument de téter sa mère.

On prétend que la douleur nourrit et que la faim fuit ceux qui ont des préoccupations morales. J'excuserai donc ces braves gens de n'avoir point songé que, moins ému qu'eux, je devais avoir plus d'appétit. Une pudeur, exagérée peut-être, m'enpêcha de leur demander à manger ; mais comme j'avais litéralement l'estomac dans mes guêtres, je pris à part le berger — qui me semblait moins consterné que ses maîtres — et je lui dépeignis ma fringale en termes pressants.

— Il n'y a rien ici, me dit-il. La patronne a perdu la tête et n'a pas été aux provisions.

— Comment... pas de pain ? pas de beurre? pas d'œufs ?

— Ça ? peut-être bien.

— Pas de viande?

— Ça ? non.

— Eh bien, apporte-moi ce qu'il y a. Allume-moi un sarment dans la buanderie et cueille-moi trois oignons en passant dans le potager... Si, même tu pouvais me dénicher du poivre et du sel...

Abrégeons. Je me confectionnai en deux temps une omelette (comme on n'en mange pas — même à la Maison-d'Or) et ensuite, je me préparai — de mes mains — ce que j'appellerai un perdreau à la minute... Voici la recette de ce plat improvisé ; je ne saurais trop le recommander aux chasseurs pris, comme moi, au dépourvu :

Vous plumez de préférence le dernier perdreau tué. Vous le videz et vous le découpez en six morceaux : les ailes, les cuisses et la carcasse fendue par la moitié. Vous mettez, d'autre part, dans une casserole, enterrée dans de la braise rouge, un énorme morceau de beurre pétri avec du poivre et du sel, et quand ce beurre est bouillant — alors qu'il chante et norcit — vous y jetez deux oignons entiers, ce qui produit un grésillement analogue à celui qu'on entend, à l'Opéra, lorsque La Juive est plongée dans son huile. Dès que ces martyrs — pardon ! ces oignons — ont pris une couleur brune, vous laissez choir à leurs côtés le perdreau divisé... Et au bout d'un quart-d'heure, vous consommez un mets divin. Si vous avez dans la tête une nuit d'insomnie, vingt kilomètres dans les mollets, et un palais appréciateur dans la bouche, vous ferez le meilleur repas de votre vie.

Le berger présent à la confection de ce ragoût me regardait lui faire honneur, avec des yeux luisants d'envie, quand un enfant vint le quérir. Il partit en toute hâte, me promettant de me rapporter du dessert. Il revint en effet, cinq minutes plus tard, la face réjouie :

— Vous ne savez pas, me dit-il, le poulain vient de téter !

Le poulain avait tété ! O bonheur !! Merci, mon Dieu !!!

II

MONOGRAPHIE DU PERDREAU

Je veux esquisser, en traits rapides, la chasse du PERDREAU EN BATTUE.

Un vieux tireur, des plus expérimentés, me disait jadis :

— Le perdreau est un gibier d'ouverture et de fermeture. A l'ouverture, on sait qu'il abonde et que les compagnies sont assez fournies pour perdre — sans dommage — la moitié de leurs membres. Donc, point d'inconvénient à décimer leurs bataillons. Puis, quand la feuille tombe, la chasse au bois vous arrache à cette distraction délectable, pour tourner les fusils du côté des lapins, des faisans, des lièvres et des chevreuils. A l'arrière-saison, je ne vois pas d'empêchements à reprendre les hostilités premières, car c'est une erreur de croire que, plus on laisse de perdrix, plus on en retrouve. Une surface de tant d'hectares de plaine peut en nourrir une quantité déterminée. Celles qui sont en trop émigrent de bonne grâce ou sont refoulées par leurs camarades sur les territoires voisins. Aussi, à moins d'extrême pénurie, n'hésitez pas à faire des battues de perdreaux en janvier.

Depuis l'époque où ce brave homme parlait ainsi, les mœurs et le caractère des perdreaux ont changé. Dès l'aurore du jour où les préfets autorisent la guerre contre la plume et le poil, vous les voyez piéter devant leur ennemi et se lever à des distances infranchissables par ses projectiles meurtriers. Je défie qu'on me cite, dans la zone parisienne, vingt perdreaux occis dans ces dernières années après avoir tenu ferme à l'arrêt du chien, — en sorte que, le 1er août, maints propriétaires se postent, l'arme au bras, derrière des haies, des arbres ou des fascines et se font rabattre le bipède subtil qui échapperait autrement à leurs cartouches.

Le pourquoi du changement des us et coutumes de la perdrix est facile à comprendre. Ses moyens de défense se sont accrus en raison directe des moyens de destruction dirigé contre son existence. Les canons à gros calibre et à longue portée, les amorces à percussion centrale, les shoke-bored et aussi le coup d'œil des chasseurs qui s'est perfectionné ont, pour ainsi dire, forcé le pauvre volatile à redoubler de prudence dans ses agissements et de rapidité dans sa fuite.

C'est donc en battue que présentement on opère,

et c'est à un massacre de ce genre que j'ai été convié du côté de Mormant. Pour ceux qui l'ignorent, la battue consiste à faire marcher en ligne, dans les champs, une certaine quantité d'indigènes. Les compagnies, effarées, s'envolent et se dirigent vers la rangée des tireurs — cachés comme j'ai dit plus haut,

Ici encore, je dois signaler la ruse des perdrix qui, au lieu de venir sottement s'offrir aux plombs des invités, montent perpendiculairement dans les airs et passent par-dessus les rabatteurs dont les clameurs de cannibales et les gourdins menaçants sont impuissants à modifier cette manœuvre inattendue. Presque tous les hôtes des forêts ont suivi cet exemple, La moitié des chevreuils, des lièvres et des lapins savent ce qui résultera pour eux d'une pointe en avant et rebroussent sur l'individu qui les surprend au gîte.

Qu'on me permette ici une courte digression relative aux rabateurs. Ces aides — indispensables depuis l'adoption des nouveaux procédés de chasse — sont de madrés compères qui gagnent trois et quatre francs, par après-midi, pour arpenter les prés ou les futaies en criant simplement : *brrrrrrr!* Dans certaines sociétés, on corse leur paye d'un lapin qui vaut trente à quarante sous — si bien qu'on peut dire d'eux qu'il sont mieux appointés qu'un professeur de rhétorique — en province. Je signalerai, pour mémoire, ceux dont le regard perçant accompagne les pièces blessées qui vont mourir au loin, sans que quiconque s'en aperçoive, et qui courent, la nuit suivante, ramasser cette proie échappée au tableau de la journée.

Bref le métier de rabatteur est si plein d'agréments et si grassement rétribué que je me demande pourquoi le pauvre hère, qui gâche du plâtre ou casse des pierres sur les grandes routes, ne l'embrasse pas de préférence à sa profession stérile, fatigante et malsaine. Il y a, je n'en disconviens pas, des moments pénibles dans la carrière: les tantôts où il faut battre, — par la pluie, le vent et la grêle — des taillis fourrés de ronces et d'épines. Il y a aussi la menace des fusils « légers » qui foudroient sans vergogne le lapin dans les jambes du rabatteur et partagent leur plomb entre l'homme et la bête. — Mais ce sont des accidents relativement rares, et dont les sages propriétaires neutralisent les dangers en fournissant à leur personnel un costume de forte toile blanche imperméable et impénétrable, sur lequel glissent les averses et la grenaille.

Le rabatteur moderne est accoutré ainsi presque partout — sauf à Marly et à Rambouillet, où l'équipe de M. Grévy — composée de cinquante ruraux — porte le vulgaire sarreau de toile bleue.

A ce sujet, je me demande à quoi servent les coûteux *tirés officiels* de l'an de grâce 1887... M. Grévy y paraît deux ou trois fois par an, à peine!

La chasse est un plaisir noble, royal et présidentiel — qui est comme la marque indispensable d'une condition supérieure. — Il faut qu'il en soit ainsi pour que les parcs giboyeux du Président de la République aient été maintenus et entretenus dans un État démocratique et égalitaire comme le nôtre. Le premier magistrat du pays est donc tenu de chasser et il agirait plus logiquement s'il multipliait ses apparitions dans les layons réservés à ses hécatombes.

Il aurait du moins la joie de tuer plus fréquemment des lapins — animaux inconnus à Mont-sous-Vaudrey, en dépit d'une légende adoptée et répandue par des journalistes mal renseignés.

Tuer un perdreau qui vous passe sur la tête avec une vitesse de 30 mètres à la seconde (quelquefois plus — lorsqu'il a le vent dans son jeu) n'est pas chose facile. C'est un sport spécial que très peu pratiquent avec supériorité. On cite des gens qui invariablement abattent deux pièces, une devant et l'autre derrière. J'ai fréquemment été témoin de semblables hauts faits.

Je ne cache pas ma maladresse dans ce genre de tir... J'oublie toujours de faire le calcul mental qui nécessite l'envoi du coup de feu un mètre devant la première bête de la compagnie, en sorte qu'il y ait rencontre entre elle et le plomb. Il va sans dire que cette distance varie avec la vitesse des oiseaux.

Le fermier, (notre amphitryon) a pour ce « déduict » une prédilection marquée.

Tous les ans, vers la fin de janvier, il y associe ses amis et la fête commence par un déjeuner composé de deux plats d'une perfection sans égale : le ragoût de lapin de garenne aux pommes de terre et le poulet sauté au lard dans une marmite en fer... C'est à s'en lécher les phalanges jusqu'aux aisselles ! Il n'y a pas, au *Café Anglais*, de chefs qui puissent rivaliser avec la commère préposée à l'élucubration de ces deux « ratas ». Le tout est arrosé d'un cidre, sucré et piquant, fabriqué sur les lieux, et finit par un fromage de Brie digne de la croix du Mérite agricole... Les dieux n'en mangent point de pareil dans l'Olympe. Quand la galette apparaît sur la table, sortant du four, fumante et dorée, il ne reste plus de place, pour elle, dans les estomacs complets comme des omnibus en temps de pluie. Les plus hardis convives s'en offrent une tranche avec laquelle ils prétendent *tasser* les victuailles précédentes. Les prudents se contentent de les submerger sous les flots brûlants d'un noir moka. Et puis, l'on allume les pipes et les cigarettes ; on saisit son fusil, son sac à cartouches et l'on court se dissimuler derrière les abris artificiels disposés dans la plaine. Chacun a la prunelle émérillonnée et l'épanouissement au cœur. La bonne chère a rendu folâtres les plus revêches. Adieu la retenue et le *cant!* Je tairai le nom de certain père de famille qui, chemin faisant, nous a conté des aventures à la Brantôme et chanté des romances à faire rougir un tambour-major.

Pour les battues de perdreaux il y a des places excellentes et des places détestables — car, on a remarqué que, quand ils ne forcent pas la ligne des rabatteurs, ils prennent presque toujours leur parti dans une même direction. Ils s'envolent par-dessus certains petits bois, se défilent entre deux pommiers connus et franchissent toujours le même coin de champ. Les chasseurs privilégiés sont justement ceux qu'on a placés, dans ce petit bois, entre ces deux pommiers ou derrière la haie du champ au coin béni !

Les autres assistent, en rageant, au bonheur de leurs camarades : ils ont parfois pour consolation un lièvre qui leur arrive en plein travers et fait panache sous la décharge de leur carabine, ou bien un faisan maraudeur, égaré dans des « rouches », qui pique sur eux en regagnant son boqueteau accoutumé.

Fort souvent la perdrix essuie une décharge qui la manque — sans la manquer. Je veux dire qu'elle reçoit un ou deux grains de plomb dans l'aile, se détache de la bande et s'abat sur le sol pour fuir en piétant. Une particularité constatée par les observateurs : le gibier est bien supérieur à l'homme sous le rapport de l'instinct de la conservation. Il pense, toujours et quand même, échapper à la casserole et luttera jusqu'à son dernier soupir sans faiblesse et sans désespoir... Un homme désarmé se croit perdu, et se rend ; une perdrix, qui a l'aile cassée, joue des pattes avec une énergie surprenante dans un corps aussi chétif.

Avec un chien bien dressé, la pauvre bête finit toujours par être prise vivante. Sans être sensible à l'excès, la perdrix démontée m'a toujours ému et rendu perplexe. J'hésite à l'achever, et pourtant c'est un service à lui rendre qu'abréger ses souffrances et son agonie. A la fin, je domine ma sensibilité et je mets fin à son martyre en lui cognant la tête sur le talon de ma botte. Les paysans, eux, introduisent le crâne de l'oiseau dans leur bouche et le font craquer comme une noix sous leurs dents. L'animal a deux ou trois convulsions et rend l'âme.

— Singulier procédé, qu'on ne pourrait appliquer au lion ou à l'éléphant, me disait un jour plaisamment le brave Pertuiset.

Avec la fermeture, survient le moment psychologique des chasses à louer. Les locataires, à bout d'un bail — qu'ils sont résolus à ne pas renouveler — massacrent jusqu'au dernier pinson de leurs taillis, se souciant peu de « laisser de la graine » à leurs successeurs. Je n'hésite pas à flétrir cette mesquinerie des qualificatifs les plus sévères, — vu qu'elle est déplorable au point de vue du repeuplement... On devrait aviser au moyen d'empêcher ces razzias de mauvais goût. Comment? je l'ignore. En ce qui concerne le faisan, la chose est commode: on oblige le locataire, qui se retire, à présenter tant de poules et tant de coqs sains de corps et d'esprit, lors du règlement final des comptes. Mais pour les chevreuils, les lièvres et les perdreaux, le contrôle est impossible, et souvent l'adjudicataire qui prend la suite de ces dévastateurs sans délicatesse est tenu de « refaire » la chasse complètement.

Il en est qui s'en tirent à peu de frais.

Au mois de juillet dernier, j'ai voyagé de Paris à Bondy, dans le compartiment d'un particulier qui portait sur ses genoux, avec un soin extrême, un étui à chapeau. Ayant lié conversation, il finit par me confier qu'il avait repris, dans les environs, une chasse de quelques hectares (*sic*), ravagée par son prédécesseur au point qu'il était obligé « d'y remettre de tout ». Et, levant le couvercle de l'étui, le particulier me montra un lapin blotti au fond, sur des tiges des carottes.

— C'est une femelle pleine ! me dit-il.

Et il ajouta en se rengorgeant :

— Si elle accouche heureusement, il y aura de quoi s'amuser dans mes bois cette année !

III

L'ART DE TUER LES PERDREAUX...

Ainsi donc le sort en est jeté ! Malgré les cris d'alarme poussés depuis quelques années par les historiens de la plume et du poil, le perdreau est appelé à disparaître du territoire de la République Française ! (Je parle — cela va sans dire — des chasses communes.) Nous voilà — nous autres, les chasseurs — dans la situation du chien qui portait à son cou le dîner de son maître... Laisserons-nous les paysans, sur lesquels a soufflé un vent de démocratie cynégétique, occire le dernier pouillard ? Tolérerons-nous que la dernière couvée se prenne dans les panneaux du braconnier ? Avouez que nous serions bien bêtes d'assister, l'arme au bras, au massacre final. Le caniche de La Fontaine, voyant ses collègues dévorer sa proie, y est allé, lui aussi, de son coup de dent. Allons-y donc de notre coup de feu !

Et s'il n'en reste qu'un, abattons celui-là !

Au surplus, les perdreaux semblent avoir conscience de l'anéantissement prochain de leur espèce. Ils se défendent. Les chasseurs ont dû remarquer, comme moi, qu'ils sont sur l'œil (rien de l'œil de perdrix !). Approcher un perdreau — en dehors des couverts très épais — est, depuis quelques années, un incident devenu anormal. Le bipède méfiant s'envole, dès les premiers jours, à des distances inaccessibles au plomb meurtrier, et, comme je le dis dans le chapitre précédent, le temps où nos chiens tombaient en arrêt dans nos jambes est passé à jamais !.. Dans ces conditions nouvelles, le tir du perdreau doit être l'objet d'une stratégie plus savante.

Et d'abord — et avant tout — chasseurs, mes frères, opérez à bon vent. Avancez toujours avec la bise dans le nez; autrement vous diminuez vos chances dans la proportion de 80 0/0. En effet, le zéphir qui vous souffle au dos s'en va porter au loin, devant vous, les substiles émanations de votre individu. C'est une manière de dépêche qui avertit le gibier de votre approche.

Autre conseil.

Ordonnez à votre cordonnier d'appliquer sous vos bottes une semelle en caoutchouc. La perdrix perçoit, par les pattes, les trépidations qu'infligent vos chaussures aux terrains désséchés. C'est l'histoire du sauvage qui, plaquant l'oreille sur le sol, entend et constate la marche de son ennemi. Avec la semelle de caoutchouc la terre garde un silence absolu.

Encore un point capital !

Généralement, quand on chasse en ligne — c'est-à-dire en société — on s'étudie à marcher du même pas jusqu'au bout de la pièce de terre explorée. C'est un tort. La perdrix qui vous sent à ses trousses piète vite et gagne du terrain. Arrivée à l'extrémité du couvert et ne se sentant plus protégée par l'asile herbacé où son instinct l'a maintenue, elle prend son vol hors de portée et vous laisse au milieu du pré, décontenancé et l'air tout bête. Donc, à trente mètres environ de la lisière du sainfoin, doublez le pas, courrez même, et sidérez de peur le perdreau qui ne s'attend pas à cette charge impétueuse. Dans ces conditions, vous l'aurez « à belle ».

Il faut un rare sang-froid et une longue pratique pour échapper à l'effarement que cause la subite envolée d'une compagnie. Généralement on lâche ses deux charges dans le tas, et l'on est tout surpris de ne rien voir tomber. Il importe, en pareil cas, d'ajuster lentement un seul animal.

Le hasard sert parfois la précipitation des fougueux. Un matin, moi présent, le colonel Worms de Romilly fit mordre la poussière à dix perdreaux d'un seul coup. La troupe, domiciliée dans la plaine de Tournan, se composait de onze sujets. Il n'en resta qu'un pour aller raconter le désastre dans le pays.

Très imprudent de brûler ses deux cartouches sur le perdreau solitaire qui émerge d'une luzerne. Dans les premiers jours de septembre, le matin surtout, ce gallinacé voyage rarement isolé. On a par conséquent la chance d'utiliser son second coup sur d'autres membres de la confrérie plus lents à jouer de l'aile.

Si votre chien vous rapporte une perdrix démontée et vivante encore, ne la massacrez pas, et pour lui éviter une trop cruelle agonie (dans laquelle elle se débat et se détériore), prenez-la par le corps en lui couchant les ailes sur les flancs et cognez-lui le crâne, par un choc sec, sur le talon de votre chaussure. Il est rare que la bête ne rende pas incontinent son âme innocente à saint Hubert.

Etendez avec soin votre victime au plus profond de votre carnier en couvrant ses blessures de ses plumes, afin d'éviter la perte du sang qui souillera la robe grise des autres cadavres, et tachera vos vêtements.

Adoptez également le système qui consiste à ne pas boucler sur vos reins une ceinture garnie de cartouches pesantes. Invitez votre tailleur à ouvrir deux poches, doublées de cuir, dans la partie antérieure et pendante de votre veston. Mettez à droite le plomb du plus petit numéro. Grâce à ces précautions, vous chargerez vite votre arme ; vos mouvements seront plus libres et, partant, votre tir deviendra victorieux.

Gardez-vous des chaînes de montre, des cordons du tire-cartouches, des courroies béantes et de toute autre chance d'accrocher les chiens du fusil à votre torse.

Et n'oubliez pas que la meilleure manière d'accommoder un perdreau consiste à le plumer quarante-huit heures après son décès — à le vider — à remplacer ses entrailles par un petit oignon roulé dans une boule de beurre poivré et salé — à vêtir l'animal d'une tunique de feuilles de vigne beurrées et épicées — à le rôtir enfin embroché devant un feu vif de bois blanc bien sec.

Si le gibier ainsi préparé ne provoque pas les compliments des plus difficiles, c'est que vous avez, pour convives, des compagnons indignes d'être comptés parmi les petits-fils de Nemrod... Ces gens-là méritent tout au plus de trouver, au retour, dans leur assiette, un vulgaire pigeon de ferme.

N. B. — Dans le précédent chapitre je donne la recette du « perdreau à la minute. » Qu'on ne la confonde pas avec celle-ci, malgré la similitude de l'assaisonnement.

IV

LES PROGRÈS DU BRACONNAGE. — LES BRACONNIERS
JUGÉS PAR VICTOR HUGO.

On m'a raconté que des braconniers se sont emparés, il y a quelque temps, des innombrables perdreaux qui peuplent les terres de M. le duc de Trévise, président de la société de répression du braconnage.

C'est l'histoire du juge d'instruction dont un filou subtilisa la montre pendant son interrogatoire.

De telles rafles, opérées chez celui-là même qui a mission de les combattre, prêteraient à rire si elles ne touchaient à un sujet d'une extrême gravité. Le braconnier trahit tous les jours plus d'impudence ; les discours les plus sensés aussi bien que les condamnations les plus sévères ne parviennent point à lui prouver qu'il n'y a pas de différence entre le vol d'un portefeuille et celui d'un lièvre, et qu'il est doublement assassin lorsqu'il tue le brave assermenté qui lui dispute les faisans d'autrui. Tel de ces misérables qui ne déroberait point cinquante centimes à un citoyen, lui enlève, en une heure, pour cinq cents francs de gibier! Jadis, j'ai été moi-même, — sur ce chapitre, — d'une sensiblerie dont je m'accuse aujourd'hui comme d'une coupable faiblesse.

Durant un de mes premiers déplacements de chasse, j'étais l'hôte d'un château de Seine-et-Marne. En proie à l'émotion qui me tient éveillé, — encore maintenant, — la veille de l'ouverture, je ne pouvais m'endormir; je résolus d'aller demander à l'oxygène du dehors le sommeil qui me fuyait, et je marchais silencieusement le long d'un bois quand j'aperçus, à la lueur confuse des étoiles, une ombre accroupie au bord d'un fossé.

De temps en temps, j'entendais le crépitement d'une allumette que cette ombre enflammait en la frottant sur sa manche et cette clarté me montrait un homme en train de tendre des collets. Je fis, — à cette époque lointaine où les braconniers ne tuaient point les gardes aussi facilement qu'aujourd'hui, — ce que je ne ferais certes point à cette heure où le meurtre est pratiqué par eux avec un cynisme épouvantable. Je marchai sur le colleteur qui, à ma grande surprise, ne s'enfuit point. Il se jeta à mes pieds et me conta, dans les ténèbres qui ajoutaient je ne sais quoi de poignant et de lugubre à son récit, qu'il était sans pain et sans travail. Il ajouta qu'il avait une femme et huit enfants entassés dans la plus sordide cabane d'un village des environs, que la faim leur tordait les entrailles, et qu'un bourgeois, sur le point de marier sa fille, lui avait promis trois francs d'un lièvre destiné au festin nuptial.

— Je n'ai rien mangé depuis trois jours, ajouta-t-il, et sa voix éteinte sanglotait dans la nuit ; je crus à une comédie.

— Qui m'assure de votre sincérité ? objectai-je.

Il alluma une bougie et j'aperçus à sa figure amaigrie, à ses yeux hagards et à ses mains tremblantes, qu'il ne mentait point.

— Avouez que vous vous êtes cru surpris par un garde ? hasardai-je. Sans quoi, vous auriez fui ou vous vous seriez défendu....

— Non, monsieur. D'ailleurs, je n'en aurais pas la force... je me soutiens à peine ! Vous ne me dénoncerez pas, promettez-le moi : un lièvre de moins dans les taillis de M. G..., — il prononça le nom du propriétaire, — qu'est-ce que cela ? trois francs dans ma poche c'est l'existence pendant un mois !

Cette scène me resta longtemps gravée dans l'esprit, si longtemps qu'un soir, me trouvant chez Victor Hugo, après une journée de chasse, je me sentis troublé et désorienté par le raisonnement faussement humanitaire de l'immortel poëte.

— Vous ne m'intéressez pas, me dit-il, avec vos hécatombes d'animaux inoffensifs : le seul chasseur qui me soit sympathique, c'est le braconnier. Il poursuit le gibier pour vivre et nourrir sa famille, celui-là ! Tandis que vous, c'est pour vous distraire, ou pour donner à votre estomac blasé des jouissances inutiles.

J'essayai timidement d'expliquer au Maître que le panneautage d'une compagnie de perdreaux — représentant une soixantaine de francs, — et le vol de trois louis dans un coffre-fort se ressemblent quelque peu. Il me répondait sans vouloir en démordre :

— Ce n'est pas la même chose.

En l'an de grâce 1887, le braconnage est monté à la hauteur d'une institution qui a ses adhérents, ses sociétés de secours, ses meetings et ses fonds sociaux.

On m'a juré que les journaux de sport n'ont pas de lecteurs plus assidus que les membres de cette confrérie. Ils y trouvent des comptes rendus de battues princières, et aussi des bulletins d'élevage qui attirent leur présence dans telle région plutôt que dans telle autre.

Ils savent, par la publication des tableaux de chasse du comte de X... et du marquis de Z... qu'ils ne reviendront pas bredouilles d'une expédition dans leurs domaines; ils y transportent leurs filets qui emprisonnent les gallinacés innocents, leurs mèches soufrées qui, enflammées au pied des chênes où les faisans sont branchés, abattent sur le sol les pauvres bêtes asphyxiées, et leurs collets qui étranglent au sortir de son enceinte le rongeur confiant, parti pour une régalade de verdure en plaine.

J'ai failli me brouiller avec un de mes amis dont j'avais inconsidérément raconté, dans *le Figaro*, les achats considérables de gibier vivant, en Hongrie. Trois jours plus tard, le coin de Sologne où il possède des tirés était infesté de maraudeurs ; il dut doubler le nombre de ses gardes et appuyer leur surveillance de deux *mastifs*, énormes chiens anglais hauts comme des ânes, féroces comme des tigres et dont la présence dans une région éloigne les braconniers terrorisés.

Empêcher le transport et la vente du gibier indigène ou étranger en temps prohibé ne suffit pas à l'extinction du braconnage. Stérile est le résultat des amendes dont on frappe le restaurateur pris en flagrant délit de rôti défendu. Puérile même serait l'interdiction des *conserves* qui masquent tant de pâtés et de terrines préparés la veille. Il faut que ces délinquants passent en police correctionnelle devant des juges impassibles et non en cour d'assises devant des jurés qui se laissent attendrir ou ménagent l'électeur.

Il faut tripler le nombre des inspecteurs spéciaux, chargés de pincer le campagnard suspect et l'aubergiste fautif. Il faut surtout se montrer impitoyable pour le marchand qu'allèchent les gros bénéfices de la vente de gibier à des poseurs ou à des goinfres stupides, avant et après la période cynégétique officielle.

A ce sujet, je veux dévoiler un truc destiné à tromper les ruses des agents préfectoraux.

Il paraît que, durant la fermeture, il n'est pas rare de voir se présenter, chez les coupables industriels, des rustres à l'air intentionnellement bête, vêtus d'une longue blouse bleue gonflée par la raideur d'un empois. Ils s'asseyent dans l'arrière-boutique en disant d'un ton traînard : — « Je viens de là-bas, j'en suis parti à 6 heures quinze minutes et 3 secondes ! » ou bien : — « Je boirais bien un verre de doux. » — à quoi le négociant répond : — « Descendez dans le sous-sol, on vous servira ça. »

Or, dans la phraséologie, en apparence innocente, de ces faux paysans, les heures sont des faisans : les minutes, des perdrix ; les secondes, des lièvres ; le doux, un quartier de chevreuil, qui tombent comme par enchantement de dessous leur blouse empesée. Les prix de chaque espèce sont débattus à l'avance dans des lettres, en sorte que le compte est vite réglé... Le fraudeur palpe son argent et file vers de nouvelles déprédations.

Dans l'Alsace conquise, c'est plus drôle encore.

Il y a, — m'affirmait un indigène de Mulhouse, dont j'imprimerais le nom et l'adresse au besoin, — des sociétés de protection du braconnage dont font partie des gens très honorables.

Il m'a conté l'histoire d'un magistrat de sa contrée tenu de requérir, le tantôt, contre un braconnier auquel il avait acheté un lièvre le matin. Il va de soi qu'il fut mou dans sa harangue et ne réclama pas pour le coupable une longue détention, nuisible à l'approvisionnement de son garde-manger... Nous n'en sommes point là en France, Dieu merci ! mais je sais des prudhommes millionnaires et gourmands qui ne résistent pas aux tentations d'un perdreau bien tendre vers le milieu d'août et qui, au dessert, en se curant les dents, flétrissent de qualifications injurieuses « les infâmes dévastateurs de nos guérets. »

En voilà qu'on devrait, pour leur apprendre, envoyer digérer leurs festins à Sainte-Pélagie.

Incidemment, voici la façon de bien sécher les chaussures de chasse mouillées par la pluie, les flaques d'eau et la neige. Le procédé consiste à les bourrer de papier bien sec, ou mieux encore de les remplir avec de l'avoine vanée soigneusement.

Les propriétés hygrométriques de ces substances font qu'elles absorbent l'humidité et que quarante-huit heures suffisent au cuir pour retrouver sa siccité et sa souplesse.

On peut aussi employer le foin... c'est une manière comme une autre d'avoir du foin dans ses bottes!

V

LA QUESTION DES OUVERTURES

ASSOCIATION DES GARDES-CHASSES

Il y a dans la vie de ce monde des quarts d'heures étranges!... Je me souviens d'avoir, avant l'ouverture, mangé dans un restaurant mon premier perdreau — un perdreau excellent, adulte de la veille, cuit à point, rose, juteux, tendre, et pudique — comme l'attestait la feuille de vigne qui cachait sa nudité. Eh bien, jamais victuaille ne m'a paru à la fois plus succulente et plus amère!...

Tandis que les papilles de ma langue frétillaient d'aise et que mon palais savourait les douces caresses de cette chère — nouvelle autant que défendue — mon âme de chasseur, confuse et même indignée, protestait contre ma gourmandise... Un perdreau avant l'ouverture! C'est, pour un vrai fils de saint Hubert, plus qu'un délit : c'est un crime! Ce délit (couché sur un socle de pain grillé) je l'ai commis ; ce crime (arrosé d'un jus de citron) je l'ai perpétré! Comment ai-je glissé sur la pente du rôti sacrilège?

Je ne saurais l'expliquer. Il y avait en moi un génie malicieux qui élevait ma fourchette à la hauteur de mes lèvres. Un autre génie — celui du devoir sans doute — fermait ma bouche au moment du forfait. Ah ! la lutte fut longue et terrible, messeigneurs ! A la fin, la bête l'emporta (je parle de moi) et j'avalai ma cuisse (je parle du perdreau) en m'adressant de véritables grossièretés :

— Comment, misérable — me disais-je en détachant les ailes — tu as, durant toute ta vie, écrit contre le braconnage et réclamé la vigilance des gardes champêtres, et tu manges du gibier avant l'époque réglementaire ? mais tu favorises donc l'action fatale des panneaux meurtriers ! Car enfin, être illogique et pervers, — continuais-je en grignotant la carcasse — tu servirais ta conscience et la justice si, au lieu de céder aux offres d'un perfide gargotier, tu courais le dénoncer au plus prochain commissaire de police. Mais non — poursuivais-je en attaquant le croupion — tu préfères flatter ton estomac, cynique complice de ta goinfrerie. Ce perdreau, ce joli perdreau, qui devrait à cette heure attendre paisiblement dans la luzerne, ton coup de fusil de l'ouverture, ce perdreau va cheminer dans tes entrailles de plumitif éhonté... Tu n'es décidément qu'un...

Un os, que j'avalais de travers, interrompit le cours de mes invectives personnelles. Cet ivoire, engagé dans mon gosier — avertissement tardif des dieux irrités ! — cet ivoire me rappela ma mission, consistant à pousser, chaque année, le cri de guerre contre les négociants qui achètent et revendent, au nez et à la barbe des inspecteurs de la préfecture, des animaux inoffensifs auxquels une ordonnance paternelle assigne la broche et la casserole à heure fixe.

Et d'abord, il faut reconnaître qu'elle est bien mal faite la loi qui multiplie, dans un pays frondeur comme notre belle France, les dates d'ouverture. Je réclame une date d'ouverture unique sur le continent et dans les colonies. Lorsque toutes les carabines seront astreintes à partir au même moment, et lorsqu'on interdira la vente de tout gibier indigène ou exotique en dehors d'un semestre déterminé, on pincera facilement et utilement le marchand réfractaire qui vous propose en toute saison un faisan ou un lièvre. Aujourd'hui, le délinquant oppose aux procès-verbaux les meilleures raisons :

— Monsieur l'inspecteur, allègue-t-il, je vends du gibier, c'est vrai, et la chasse n'est pas ouverte, c'est encore vrai, mais mes perdreaux me viennent d'un département où l'on guerroie depuis six jours contre la plume et le poil, en vertu d'un arrêté de l'administration. Vous regardez mes cailles : je les reçois vivantes d'Italie; mes faisans m'arrivent de Bohême, je tire mes chevreuils d'Allemagne, etc.

Que répliquer à ces mensonges?

Autre mesure efficace : on devrait interdire les conserves de gibier... Je pourrais citer une taverne dont les menus portaient, au milieu de juillet, du perdreau sous tous ses avatars culinaires, en salmis, aux choux, en pâté. Si un agent s'avise de verbaliser, le maître du local se rebiffe. Il jure qu'il sert à ses pratiques des perdrix conservées. Et il va chercher, dans son office, une terrine bien close ou une boîte en fer blanc dont le couvercle relevé montre, figé dans une graisse préservatrice, un volatile superbe. Il va, sans dire, que la terrine susdite est unique dans la maison et endosse tous les méfaits cynégétiques qui s'y commettent.

Il y a, enfin, une association que je voudrais voir créer, et patronner par l'État — association qui marcherait et agirait de pair avec « la Société de répression contre le braconnage », j'entends l'association des gardes-chasses.

Son fonctionnement serait analogue à celui des autres confréries.

Il y aurait, tous les mois, dans chaque chef-lieu, une réunion de tous les assermentés de la zone, et, une fois par an, une réunion générale des adhérents à Paris.

Le garde-chasse est de sa nature honnête, dévoué, courageux; quelques-uns d'entre eux succombent sous les balles des coquins qu'ils poursuivent, et leurs veuves, leurs enfants restent à la merci de la générosité de leurs maîtres (s'ils sont gardes particuliers) ou de la charité de leur supérieur (s'ils sont au service du gouvernement). Eh bien ! je vous le demande, la maigre pension servie aux survivants vaut-elle qu'un père de famille se fasse trouer la peau par les chevrotines d'un drôle ?

N'y aurait-t-il pas plus et mieux à faire, soit en garantissant des sommes plus fortes en cas de décès, soit en augmentant le chiffre des retraites ? Croyez-vous que ces braves surveillants, — cible naturelle des balles du voleur, — qui passent, été comme hiver, leurs nuits dans les bois, exposés à toutes les intempéries de l'air pour vous conserver les éléments d'un plaisir — croyez-vous, dis-je, que ces hommes d'élite seraient insersibles à une distribution solennelle de récompenses décernées par l'Etat ou de legs fondés par des particuliers ? Ne voyez-vous pas dans cette cérémonie le plus actif des stimulants, le plus efficace des encouragements ?

La parole de M. de Monthyon : « On obtient plus en flattant l'amour-propre des gens qu'en emplissant leur bourse » n'aura jamais de meilleure application, car, la chose est triste à confesser, certains gardes, écœurés par l'indulgence des tribunaux pour leurs adversaires, se montrent de moins en moins ardents. Ils comparent la modicité de leurs profits avec les innombrables dangers qu'ils affrontent et le découragement paralyse leurs efforts. Quelques-uns finissent par fermer les yeux sur les agissements des contrevenants.

L'association que je propose aurait pour appoint moral le patronage d'un très haut fonctionnaire —

— qui sanctionnerait par son prestige le but de l'OEuvre. J'ai nommé l'éminent tireur de Mont-sous-Vaudrey ! Il ne dédaignerait peut-être pas cette présidence qui en vaut bien une autre.

Dans les assemblées partielles seraient discutées les questions locales; dans la grande séance annuelle seraient agitées les questions générales. J'ai la conviction que mon idée n'est pas mauvaise et porterait au braconnage un coup décisif. Le garde est — après tout — un auxiliaire à ménager. Sans lui, le peu de gibier qui nous reste disparaîtra bientôt. Côté distraction à part, songez que le gibier jette tous les ans sur nos marchés des millions de kilogrammes de viande comestible, qui s'est élevée et nourrie toute seule ! Cette viande a, sur les autres, des avantages que la physiologie et la thérapeutique ont préconisé depuis longtemps. Si elle présente de légers torts au point de vue de l'échauffement du sang, elle possède des vertus fortifiantes dont les tempéraments lymphatiques et débiles s'accommodent merveilleusement. Il est entendu que je ne parle pas ici des estomacs profanes qui honorent les cabinets de la Maison d'or de leur fringale, entre minuit et cinq heures du matin — ni des grues qui, chez Brébant, se font payer des bécasses par des serins. Ces lignes visent certaines constitutions honnêtes, qui trouveraient leur salut dans des pièces de venaison réconfortantes.

Quoi qu'il en soit, on constate tous les ans une diminution notable de gibier sur le territoire français commun et — chose illogique — le dépeuplement s'accentue à mesure que le goût de la chasse se vulgarise. Jadis, ce genre de sport était l'apanage des classes aisées, aussi le gibier était surabondant. Aujourd'hui, en fait de gibier, nos plaines ne sont peuplées que de mouches et de papillons, parce que le moindre coiffeur de la moindre bourgade prend un permis, et que tous les paysans tranchent du Nemrod. Je sais une commune des plus pauvres, dont un groupe de *gentlemen* a voulu louer le territoire pour une somme de 15,000 francs. Le Conseil municipal, d'accord avec les habitants, a refusé net. Les propriétaires des prés et des bois — tous gens besogneux — ont préféré leurs rares perdrix et leurs lapins problématiques à la fortune du hameau! Ces intelligentes natures n'avaient même pas pour excuse l'amour de la chasse, car le maire et ses adjoints dédaignaient l'usage du fusil. Ils tendaient des collets et promenaient des filets, se jouant ainsi des niches à eux-mêmes et dévastant comme à plaisir une contrée d'où les alouettes elles-mêmes auront bientôt disparu. Ces aimables citoyens perdent 15,000 francs, ils en conviennent, mais ils n'ont pas la douleur de rencontrer des « bourgeois » qui emportent leur lièvre (j'écris lièvre au singulier avec intention).

Ab uno disce omnes.

Le dépeuplement est la sérieuse menace de l'ère démocratique que nous traversons. Je sais pourtant un moyen — non moins démocratique — de remédier au fléau qui s'avance et progresse. Que demain les chambres adoptent le projet de loi suivant :

« Tous les ans, dans chaque département, la « chasse sera défendue sur la surface d'un arron- « dissement. Chaque arrondissement sera, à tour de « rôle, l'objet de cette interdiction. »

Vous trouvez qu'un arrondissement c'est trop? Mettons un canton. Cela suffira pour constituer quatre-vingt-six réserves — manières de basses-cours où sera concentrée la surveillance de la police rurale et où le gibier se reposera et se multipliera en toute sécurité. Jugez des effets d'une loi pareille, quand les tirés des Rotschild ou des Greffulhe seront compris dans cette jachère spéciale! Les bipèdes et les quadrupèdes pulluleront — en abondance telle que l'année suivante ils émigreront forcément aux alentours et qu'on pourra, sans danger d'appauvrissement, opérer de véritables massacres à cinq lieues à la ronde !

J'ai peut-être mal présenté mon innovation : qu'on m'excuse ; je ne suis ni économiste ni législateur. Je suis tout simplement un marcheur, friand de plein air, qui redoute de voir s'éteindre, avec la chasse, une des plus nobles et des plus hygiéniques distractions qui soient permises à l'homme... et même à la femme (n'oublions pas madame Hubertine Auclerc!).

Pour conclure, je dirai qu'il n'est que temps d'aviser. Le braconnage et l'extension des villes — qui, elles, ne se dépeuplent pas — chagrinent, détrui-

sent ou refoulent tous les jours le gibier davantage.
Le temps n'est plus où le vaudevilliste Dupin mort
l'an dernier, âgé de quatre-vingt-dix-huit ans, allait
(je tiens ce détail de sa bouche) ouvrir la chasse sur
l'emplacement actuel de la rue de Douai et y tuait,
dans les bois entrecoupés de prairies, trente lapins
en une matinée!

VI

HISTOIRES DE FAISANS

Chaque espèce de gibier présente — au point de vue de la chasse — son moment psychologique. en novembre le faisan, pourvu d'un parfait développement et revêtu de son plus riche uniforme, sollicite le plomb d'abord et la broche ensuite. Aussi, est-ce lui qui détermine la plus grande quantité des coups de fusil qui se tirent, durant les deux derniers mois de l'année, dans les massifs forestiers avoisinant la capitale. A lui et au lapin incombent la gloire de grossir les « tableaux » cynégétiques de l'arrière-saison.

Le gourmet ou la ménagère qui s'en vont acheter un faisan à la Halle ne se doutent guère des soins, des soucis et de l'argent qu'il a fallu dépenser pour aboutir à sa pendaison aux crochets des marchands de gibier !... Quand vous portez la dent sur l'aile de ce volatile c'est comme si vous mordiez dans des pièces de cent sous, — à cette différence près que la chair du faisan est succulente et que celle des écus est d'un goût détestable. Prenons *ab ovo* l'éducation de ce comestible princier. J'entends l'oiseau superbe, artificiellement obtenu — celui dont on a préparé la naissance, surveillé les premiers pas et qui a été insensiblement amené à l'état de rôti de luxe ; car l'autre — le faisan absolument sauvage, parvenu à l'âge adulte sans le concours des éleveurs — est un animal excessivement rare... il faut, pour le rencontrer, se rendre en Asie — voyage difficile à accomplir dans l'espace d'une journée. C'est donc du bipède quasi-domestique que je veux parler.

Dès qu'il est sorti de sa coquille, si les bois où il vague n'ont point de mares où il puisse boire et de fourmilières où il emplisse son bec friand d'œufs de fourmi, le voilà dépérissant et condamné à un trépas certain. En ce cas, obligation de creuser des abreuvoirs sous les futaies et d'accumuler au pied des chênes, dans des tas d'aiguilles de pin, de copieuses provisions de larves d'hymenoptères. Ces larves, qui se vendent en sac, coûtent les yeux de la tête. Calculs faits, l'œuf de fourmi est d'un prix supérieur à celui de l'œuf de nos basses-cours, et l'on n'a pas la ressource de le manger à la coque ! Le faisandeau, dont la gourmandise est proverbiale, s'en repaît jusqu'à l'indigestion.

Une fois grand garçon, il prouve un cœur sec et

une ingratitude de première classe, en lâchant sa famille pour courir les taillis et s'égarer dans les plaines où il se paye des régals supplémentaires d'insectes et des griseries de sarrasin. Le seigneur qui veut le retenir dans ses domaines est forcé de l'agrener, c'est-à-dire de lui dresser son couvert deux fois par jour. Sinon, procédant à l'égard de son propriétaire comme à l'endroit de ses parents, il fausse compagnie et court se fixer là où son estomac trouve la table la plus fournie. C'est l'histoire du parasite qui, invité dans deux maisons, s'informe astucieusement du menu des dîners qui l'attendent et n'hésite pas à choisir le festin le plus délicat et le plus abondant. Il faut donc largement saupoudrer de blé, de maïs et de moutures, les sentiers aménagés à cet effet dans les enceintes, pour retenir ce volage convive.

En cotant à sept francs le revient de sa pension jusqu'au jour où l'index fatal du chasseur lui supprime l'existence, je resterai au-dessous de la vérité. Ne criez donc pas à l'exagération si l'on vous demande huit et dix francs d'un coq.

Le faisan, originaire du Phase, brûle des instincts galants d'un sultan et trahit sa provenance orientale par le besoin d'un sérail. Il n'en groupe point les éléments féminins dans un harem à la façon des pachas ; il laisse errer « ses dames » sans jalousie et sans vergogne, se souciant peu qu'un autre satrape leur conte fleurette. Aussi, est-il obligatoire d'avoir au moins cinq fois plus de coqs que de poules dans une chasse intelligemment dirigée. C'est aussi pourquoi les suzerains qui vous prient à guerroyer sur leurs terres enjoignent de ne fusiller que les coqs. Il en est d'impitoyables aux myopes ou aux néophytes qui se trompent et abattent les femelles interdites à leurs cartouches...

Un souvenir.

J'ai à l'époque de mes débuts, — dans la période inflammatoire où l'on a le fusil ardent et prompt — tué neuf poules chez un particulier qui imposait vingt francs d'amende à quiconque contrevenait à ses instructions protectrices... Ce fut une après-midi de dix louis dont j'ai gardé la mémoire, parce que j'eus l'idée de fourrer deux billets de cent francs dans le bec d'une dixième poule que je cachai le soir même dans le lit du terrible châtelain. Ces bancknotes étaient contenues dans une enveloppe sur laquelle j'avais tracé cette souscription :

A SAINT-VINCENT DE POULE

Pour solde de tout compte

Un usage nouveau — que je ne saurais trop recommander aux amphitryons sylvestres — consiste à reprendre, sous des mues, avant les premiers massacres, toutes les poules nécessaires à la ponte et au repeuplement de l'année suivante. Grâce à cette précaution, l'invité n'est point tenu de perdre, à s'assurer du sexe de l'oiseau, une minute dont la bête profite pour gagner le large. Je sais bien qu'il y a, entre la robe grise de madame et le brillant costume de monsieur, une différence qui saute aux yeux, mais dans la rapidité du vol en plein soleil, ou dans la brume des crépuscules, les plus experts commettent des erreurs... Joignez à cela qu'on lève souvent des poules dont la queue est d'une longueur insolite...

Le faisan n'est pas difficile à tirer. Il est généralement gros, s'enlève lourdement et ne prend la pleine vitesse de son vol qu'au bout de quelques secondes. Cependant on le manque aisément. Il fait au départ un bruit troublant qu'il accompagne d'une exclamation gutturale. Son volumineux appendice, qui égare le point de mire, et l'éclat de son pourpoint ajoutent à l'intimidation de son tapage. Tel qui ne ratera pas une caille, laissera filer indemne un coq parti dans ses jambes, même après l'avertissement d'un pointer je veux dire lorsqu'il vient d'être tué.

Le nombre décroît chaque jour des gens qui savent manger le faisan. Il est de bon ton aujourd'hui de s'en repaître avant l'heure voulue, je veux dire lorsqu'il vient d'être tué. Aussi n'est-ce plus du faisan qu'on avale, c'est du poulet, auquel je préfère un honnête chapon de ferme. Ne vous imaginez pas que le verbe « faisander » soit un vain mot. Les académiciens chargés des destinées du dictionnaire sont des gourmets qui en auraient banni ce vocable s'il ne contenait point un enseignement. La viande du faisan a besoin d'être « faite » et de puiser une saveur particulière, non pas dans un commencement de décomposition, mais dans une fermentation spéciale. Un dieu — le dieu de la cuisine — préside, croyez-le bien, au travail latent et aux effluves chimiques qui se développent dans les victuailles, derrière la toile métallique des garde-manger. La différence est notoire entre une venaison pourrie et une venaison venue à son instant gastronomique : les palais vulgaires sont seuls à ne point la ressentir.

Les anciens maîtres-queux assignaient huit jours à la macération du faisan. Ils avaient tort, sous ce rapport que tout dépend de l'atmosphère ambiante dans laquelle il attend la casserole. Si l'on est pressé, on peut hâter sa maturité en le maintenant accroché par le col dans un endroit humide et tiède. J'ai également observé que les fruitiers, les caves où l'on entasse des choux, tous les milieux enfin où des matières organiques sont soumises à une désagrégation moléculaire conviennent admirablement au vrai « faisandage ». Des fanatiques de la « gueule » — *horresco referens!* — se sont avisés de déposer leur gibier dans les laveries, au-dessus de la pierre à évier !... et l'un d'eux me donnait hier, en ces termes, la recette d'une bécasse irréprochable :

— Vous suspendez votre bécasse à cinquante centimètres de la petite grille par où s'écoulent les eaux ménagères, et vous l'y oubliez un mois environ. Le relent des soupirs qu'exhale cette gargouille lui communique un goût divin qu'on peut accentuer encore en la descendant à vingt centimètres... Et alors...

Un auditeur facétieux continua :

— Et alors on jette la bécasse pour manger la grille !

Ai-je noté que le faisan abonde autour de Paris plus qu'en aucun point du monde, et que cette particularité tient au bataillon de millionnaires dont les châteaux décorent notre banlieue?

Est-ce à dire pour cela que toutes les villes sont déshéritées au point de vue du gibier? Non. Il en est auxquelles la Providence envoie des compensations.

Exemple :

Genève, se trouvant entre les Alpes et le Jura, au point où la vallée du Léman se resserre en entonnoir, les cailles passent forcément au-dessus de ses faubourgs afin de gagner les régions tempérées. Or, tout récemment, Genève a vu s'abattre sur son pavé la plus singulière des pluies — une pluie de cailles fatiguées d'un trop long vol! Les passants les ramassaient prestement, et les malheureuses bestioles ont, pendant 24 heures, régalé les habitants de la cité de Calvin.

Depuis ce jour, les cuisinières indigènes scrutent les profondeurs du firmament; elles comptent sur une nouvelle averse pour garnir leurs lèchefrites. Ce phénomène est, à la cuisson près, une deuxième édition des alouettes tombant toutes rôties des nuages...

Bon lecteur, si vous allez à Genève, levez la tête en l'air et ouvrez la bouche; on ne sait pas ce qui peut arriver!

VII

CHASSE A TIR. — LE FURETAGE

O intelligence des animaux !!! Il semble que dès la première minute de la fermeture, les perdreaux ont compris que la période d'accalmie a commencé pour eux. On en rencontre qui sont accouplés déjà. Et sur ce point, ils nous donnent une leçon matrimoniale digne d'être méditée par les amateurs de promptes unions et de noces précipitées. Le perdreau procède à ses fiançailles trois mois au moins avant l'époque de son mariage. Durant ce temps, il étudie sa compagne, il observe son naturel, son caractère, la vigueur de ses principes, la solidité de ses instincts maternels. Si bien qu'il entre en ménage avec la certitude d'un bonheur complet.

Aucune surprise n'est à redouter de la part des conjoints. Ils se connaissent, s'apprécient et s'estiment par cela même qu'ils se respectent, car leur commerce ne dépasse jamais la limite d'un honnête flirtage. Nous autres — plus bêtes que les bêtes —

nous voyons une jeune fille : Paf! nous voilà férus, hypnotisés, emballés ! La demande de sa main, l'accord des familles, la discussion du contrat et l'accomplissement de la cérémonie nuptiale se bâclent en quelques semaines au plus. En cette hâte réside le secret des incompatibilités d'humeur et des divorces dont regorgent les chroniques judiciaires — tandis qu'un coq surpris en flagrant délit d'adultère ou une perdrix lâchant époux sont des faits si rares que, lorsqu'ils surviennent, les trèfles et les luzernes en retentissent pendant des mois entiers. Aussi, je ne crains pas d'écrire que le fusil du chasseur est la cause presque unique des séparations qui plongent les gentils galinacés dans la douleur, et qu'il faut la cruauté gastronomique de l'homme pour arracher si légèrement un père ou une mère à leur famille éplorée !

Quand arrive la neige, elle soulève bien des colères — en rendant la chasse des derniers jours féconde en désillusions. Le gibier, qui n'use pas de parapluie et n'a pas, comme nous, la ressource des bottes imperméables, circule peu volontiers au travers des frimas et de la boue. Il s'abrite de son mieux au centre des ronciers et demande sa protection, contre l'averse et la tempête, aux haies et aux fossés. Le griffon le plus brave et l'épagneul le plus tenace renoncent à le déloger de sa retraite, et c'est en vain que le rabatteur cherche à le mettre en fuite en plongeant son bâton au plus épais des fourrés.

En sorte que la fâcheuse bredouille termine souvent les expéditions entreprises contre vents et tempêtes. En cas pareil, il ne faut pas s'entêter... C'est ce que font beaucoup de mes amis qui regagnent la maison du garde et s'y livrent aux émotions du 31 ou du poker...

Mais il est des chasseurs opiniâtres pour qui la dame de pique est dépourvue de charmes, et qui se feraient plutôt ensevelir sous les avalanches que de renoncer à remplir leurs carniers. Ceux-là vont chercher leurs victimes jusque dans leurs repaires — autrement dire : leurs terriers. C'est en vain qu'on leur objecte la rareté croissante du lapin, et qu'on les supplie de laisser la vie à cette graine à quatre pattes. Ils n'entendent point raison et s'adjoignent des furets — putois minuscule, assoiffés du sang des lapins au point de s'en fourrer des indigestions... On sait que, engagé dans les galeries souterraines que les lapins se creusent ingénieusement, le furet y occasionne une terreur telle qu'ils déguerpissent au plus vite, et le tireur profite de l'instant où ils détalent pour les canarder à son aise.

Il arrive souvent que le lapin, acculé dans un recoin de son hypogée, ne peut échapper à la dent du furet, et celui-ci, après l'avoir attaqué au cou, se gorge jusqu'à la dernière goutte du rouge liquide de ses veines. Puis il s'endort sur sa victime. C'est ce qu'on appelle un furet « accroché ». Le chasseur jure par tous les saints et par tous les diables, car il attend en vain, l'arme au bras, la sortie d'un animal qui... ne sortira pas. Pour reprendre le furet, il faut attendre son réveil ou mettre les galeries à découvert à l'aide de la bêche ou de la pioche. On parvient quelquefois à vaincre sa torpeur en enfumant le terrier. Pour, ce il faut y tirer un coup de fusil ou brûler à son orifice du papier dont envoie la fumée à l'intérieur. Mais ces moyens ne réussissent pas toujours. Il importe donc d'avoir des furets de rechange, afin de pouvoir opérer ailleurs, pendant que les gardes-terrassiers creusent la tranchée obligatoire.

Le furet étant un animal relativement cher, difficile à élever, capricieux, paresseux, et se refusant souvent à guerroyer contre des gibelottes auxquelles il n'est pas invité, on a cherché à le remplacer par des « délogeurs » artificiels ou d'autres animaux provoquant le même résultat.

Ruggieri a imaginé une boule automatique — chargée d'une pâte combustible donnant beaucoup de fumée et faisant du bruit. Cette sphère chemine dans les terriers et y détermine un désarroi facile à comprendre. Mais soit imperfection du mécanisme, soit insuffisance d'intimidation, elle ne remplit pas toujours son office. De plus, elle s'arrête dans les coudes à angles droits, ou bien son feu s'éteint faute d'oxygène.

Un de mes amis s'est avisé de capturer des rats vivants auxquels il coupe la queue. Il applique ensuite, à la surface de la plaie, un peu d'essence de térébenthine ou d'acide nitrique. Enfin, il lâche dans le terrier la bête, qui, affolée par la cuisson de ce pansement terrible, s'y livre, comme on pense, à des cavalcades effroyables. Le lapin, affolé, s'empresse de filer de son logis et gagne une autre retraite — s'il n'est point occis au débûcher. Mais tous ces procédés ne vaudront jamais le furet — dont les appétits sanguinaires produisent toujours leur effet...

Un médecin chasseur, pénétré de l'infaillibilité du furet, fut mandé un jour par un gourmand qui, ayant mangé du lapin plus que de raison, gisait sur sa couche avec des douleurs affreuses dans l'estomac.

— Avalez un furet, lui dit-il, le lapin s'en ira dans un sens ou dans l'autre...

On dit qu'il faut être vieux pour tuer supérieurement le lapin. Cela n'est nullement nécessaire ; mais comme c'est une affaire d'habitude pour que la pratique perfectionne le mouvement spécial à ce genre de chasse (on doit généralement jeter son coup de fusil sans viser et sans hésiter), on comprend la corrélation qui existe entre l'âge de l'homme et le tir correct de la bête.

Un des plus habiles à faire mordre la poussière au rapide rongeur fut l'académicien Labiche. Les plaines de la Sologne retentissent encore de ses beaux coups. Son biographe racontera ses doublés. Qu'il n'oublie pas surtout de consigner les paroles ont l'incomparable vaudevilliste accompagna la fuite d'un lapin échappé à la justesse de son coup d'œil.

— Je suis horriblement vexé... Avec cela, le drôle est capable de se venger en venant siffler mes pièces à Paris.

Édouard Pailleron (qui ainsi qu'un autre Quarante, l'aimable Mézières, manie agréablement le calibre 16) accueille avec autant de bonne humeur les trahisons de sa carabine.

Un tantôt, chassant à mes côtés, il visa mal, laissa la vie sauve à un faisan qui s'envola en chantant.

— L'insolent ! Savez-vous ce qu'il m'a crié ?

— Non... répliquai-je.

— Il m'a dit de faire *le Monde où l'on rate* !

On m'a conté que Georges Ohnet est fort adroit, mais qu'il prend moins gaîment les choses en cas pareil... Ce n'est pas moi qui le lui reprocherai. Ma maladresse m'irrite sérieusement, et comme je mets souvent « à côté », je passe pour être grognon alors que je ne suis que sévère envers moi.

— Monsieur, me disait un jour un garde en manière de consolation, c'est signe de chance...

— Je ne comprends pas...

— Ceux que vous manquez s'en vont le dire aux autres, alors tout le gibier est rassuré et vient vers vous. Et, finalement, c'est vous qui en tuez le plus !

———

Je m'efforcerai toujours de me suffire à moi-même et de tâcher qu'on m'emprunte plutôt que d'emprunter. Cependant, je ne résiste pas à l'envie de reproduire — à la fin de ce chapitre — le fait suivant raconté par le journal des chasseurs d'Aarbourg (Suisse).

Un habitant de cette jolie petite ville possède un magnifique terre-neuve. Ce chien éprouve un plaisir tout particulier à faire sa sieste sur le fauteuil de la grand'mère, et chaque fois que la bonne femme quitte son siège, l'animal accourt et s'y met à son aise.

Quand le terre-neuve occupe sa place favorite, frileusement enroulé sur le vaste fauteuil, il n'y a pas moyen de le faire déguerpir. Mais la grand-mère, qui sait par expérience que les coups de canne ne servent à rien, a imaginé un truc pour reconquérir son fauteuil. Dès que le chien a accaparé sa place, elle va à la fenêtre et crie : Chat, chat! Et chaque fois le terre-neuve saute du fauteuil, accourt, aboye... mais quand il revient, il trouve la grand'mère commodément assise.

L'autre jour, le terre-neuve avait réussi à s'introduire dans la chambre de la bonne vieille : elle occupait son fauteuil. Que fait notre chien? Il se précipite à la fenêtre et se met à aboyer comme un enragé. La grand'mère se lève aussi vite qu'elle le peut pour voir ce qui se passe dans la rue et, incontinent, l'intelligente bête saute sur le fauteuil et s'y installe !

Ceux que cette histoire laisserait incrédules n'ont qu'à se rendre à Aarbourg. La ville, la maison, la grand'mère, le chien, tout cela existe encore.

VIII

ACCLIMATATION DU GIBIER — LES FIELD-TRIALS

La France offre au monde le bizarre spectacle d'une nation chercheuse et ingénieuse, mais rétive à l'adoption des progrès accomplis hors de ses frontières. Les tramways, le téléphone et vingt autres inventions, que je pourrais citer, étaient depuis longtemps passés dans la pratique courante de la vie sociale et industrielle en Amérique et en Angleterre, lorsque nous nous sommes enfin résolus à nous en servir. Sur cette répugnance native à sanctionner par un usage immédiat les découvertes dont les savants étrangers dotent leur patrie, se greffe une regrettable promptitude au découragement. En sorte que nous semblons nous complaire dans le connu et la routine — alors que les autres pays acceptent les améliorations de toute nature, quelle que soit leur origine. Certes, il est louable de se suffire à soi-même et de puiser dans son propre génie ses aises et sa supériorité, mais ce sentiment n'est admissible chez un peuple qu'à la condition que ce peuple arrive toujours bon premier dans le *steeple* des innovations.

Cette caractéristique de l'esprit français se constate sur le terrain de la chasse comme sur les autres. C'est en vain que des sociétés d'acclimatation se sont fondées avec des jardins, des ménageries, des professeurs, et des journaux.

Si j'excepte une ou deux espèces de faisans, accueillies, protégées et élevées par quelque grands seigneurs, je vous défie de me citer le nom d'un gibier nouveau « cultivé » dans nos plaines et nos bois. Et pourtant, s'il faut en croire mon docte et aimable ami Geoffroy Saint-Hilaire, directeur du Jardin d'Acclimatation, nous pourrions, avec un peu de persistance, tuer et manger plus de vingt espèces bipèdes et quadrupèdes qui ne demandent qu'à vivre et à mourir sur notre sol — comme de vulgaires perdrix et de simples chevreuils.

Quelques tentatives ont été faites, suivies presque aussitôt d'un renoncement radical. Là, l'élevage n'avait point réussi ; ici, la gelée avait mis à mort les sujets exotiques. En d'autres points, la répulsion des gardes à s'occuper de bêtes inaccoutumées avait triomphé du bon vouloir des propriétaires. Pourquoi faut-il que quelques échecs et de sottes manies aient ainsi fermé les cadres de notre personnel cynégétique à des animaux prêts à en corser la masse et la variété ? Supposez le contraire, nous déclarerions à cette heure à l'octroi, les soirs de chasse, des victime admirables à l'œil et succulentes au goût qui, je le crains, ne tomberont jamais sous notre plomb et ne garniront jamais nos garde-mangers !

De mes entretiens avec les directeurs des Jardins Zoologiques de Cologne, d'Amsterdam, d'Anvers et de Paris — largement pourvus de couples acclimatables — résulte qu'avec très peu d'argent et d'opiniâtreté nous aurions obtenu dans nos champs et nos forêts ce que nous avons réalisé dans nos basses-cours et nos volières — où, présentement l'Asie possède des représentants nombreux. La poule de Cochinchine et les faisans du Japon — pour ne nommer que deux types — y naissent et s'y reproduisent à l'envi. Les femelles pondent et couvent avec une conscience dont bien des Parisiennes mondaines devraient s'inspirer. Quant aux mâles, sous leurs costumes brillants et leurs dehors altiers, ils semblent avoir conscience de leur mandat, qui consiste à charmer nos yeux d'abord et notre palais ensuite.

Le cerf d'Aristote et le cerf-cochon de l'Inde, le cerf des Moluques et le cervole du nord de la Chine ne demandent qu'à circuler et à se faire chasser dans nos futaies. Ces quatre espèces, dont la première dépasse en dimension nos dix-cors, et dont la dernière a la taille d'un chien d'arrêt, se prêteraient admirablement aux laisser-courre. Et notez que ces animaux ne sont pas agressifs et sont moins à redouter que le joyeux novillo de la tauromachie du Cirque Oller.

A côté du lièvre et du lapin nous pourrions tirer le Mora ou lièvre de Patagonie, le Cobaye ou cochon d'Inde, importé du Pérou ; le Coypu de la Plata, dont la fourrure a beaucoup de valeur.

Dans les taillis nous rencontrerions avec le faisan ordinaire, amené du Caucase par les Argonautes, le faisan vénéré, le faisan doré, le faisan de Mongolie, le faisan d'Elliott et tous les gallinacés sauvages chinois et japonais (versicolore, bronzé, etc., etc.). Je sais que ces derniers types — dont la rusticité n'est pas niable — se rencontrent dans certains tirés princiers, mais ils ne représentent qu'une fantaisie de millionnaire et non des tentatives sérieuses d'acclimation ayant pour but d'aboutir au pullulement de l'espèce et de permettre au chasseur ordinaire d'en abattre sur tous les territoires communs ou réservés. On tue des « vénérés » et des « dorés » à Senart et à Ferrières, mais c'est un événement et les sujets sont si rares qu'on réserve ce coup de fusil à l'invité de marque en le priant toutefois de se borner à une seule fantaisie de ce genre.

Le versicolore seul abonde assez pour qu'on ne limite point sa destruction. Et comme cette proie est véritablement superbe par sa taille et sa robe, il faut se tenir pour satisfait — en attendant le jour où nous sera donné, dans toutes les chasses, le spectacle admirable d'un chien d'arrêt rapportant à son maître le faisan Amhurst, cet oiseau incom-

parable sur les plumes duquel la Providence s'est
complue à semer l'or, la soie, le velours et les tons
diaprés de la palette d'un coloriste.

En plaine, rien ne s'opposerait — si nous étions
sérieusement acclimateurs — à ce que nous fassions
des coups doubles sur les perdrix percheuses de
Chine et certaines perdrix indiennes qui dorment
dans les arbres d'où elles défient toutes les ruses et
les perfidies du braconnier. A ces deux espèces
s'ajoutent le colin de la Californie, le colin de
Virginie et le tinamou de l'Amérique centrale...
Evidemment, il ne suffit pas de lâcher des couples
de ces animaux en leur disant comme dans l'Evangile: « Croissez et multipliez. » Il faut leur venir en
aide dans les commencements, les nourrir, les protéger du froid, veiller à ce qu'elles aient l'eau et le
grain indispensables à leur santé et les rendre
résistantes aux maléfices d'un climat rude et inégal...
Mais, en somme, n'est-ce point ainsi que nous avons
procédé, à l'origine, pour nos faisans ordinaires?
Si les « essayeurs » avaient témoigné à leur endroit la
même insouciance, elle même découragement qu'ils
ont montré relativement aux types précités, la truffe
uniquement réservée aux chapons et aux dindons
ignorerait le mérite de parfumer la chair des faisans, car il n'y en aurait pas un seul en France.

C'est à cette considération sommaire que je veux
borner ces considérations « acclimatoires »... Je ne
regretterai point de l'avoir écourtée si j'apprends

qu'elle a provoqué des tentatives peut-être dispendieuses au début mais productives plus tard. Il est avéré que certaines espèces, une fois en possession du sol et accoutumées par l'expérience et le temps à se garantir elles-mêmes des caprices de la température et de la pénurie alimentaire de quelques contrées, deviennent d'une vigueur supérieure à celle de nos races indigènes et se reproduisent si drument qu'il faut en ôter là ou l'on a eu tant de peine à en mettre !

Si j'en avais les moyens, l'acclimatation est une occupation (je pourrais écrire un art) qui me tenterait beaucoup. Il y a un intérêt réel à naturaliser des êtres de provenance lointaine. Sans que la chose en ait l'air, c'est de la conquête au petit pied, pour ne pas dire à petite patte.

Il y a eu récemment, en Allemagne, des *field trials*... Mais d'abord il me faut dire ce que c'est qu'un field trial. Les Anglais, gens pratiques et qui trouvent que la beauté des formes est insuffisante, demandent à leurs chiens, en dehors de la beauté, les réelles qualités du chien de chasse.

Pour arriver à connaître les meilleurs chasseurs dans leurs races, ils ont institué des épreuves, des concours où les chiens, amenés sur un terrain bien peuplé de gibier de toute sorte, conduits par leurs dresseurs, luttent les uns contre les autres sous les yeux de juges qui leur attribuent des bons ou des mauvais points selon un règlement spécial. Si par exemple trente chiens sont engagés, il arrive un moment où les deux meilleurs du lot restent et luttent l'un contre l'autre. De cette dernière épreuve, les juges déduisent le premier et le deuxième prix.

Nous souhaitons que des tournois semblables aient lieu en France, comme ils ont lieu en Belgique, en Allemagne, en Angleterre, en Hollande.

Parlons donc du grand field trial allemand, couru à Cologne, cette année, par un temps pitoyable, sous une pluie battante et qui, bien organisé, a parfaitement réussi. Notre compatriote, M. Paul Caillard, avait engagé plusieurs chiens : son splendide pointer « Paris », vainqueur du Derby-field-trial des pointers en Angleterre, en 1884; « Doll des Bordes », une des élèves de son chenil ; « Belle des Bordes », puis une autre chienne, déjà de haute réputation, « Rose des Bordes ». Mais de tous ces chiens, une seule chienne, « Belle des Bordes », fut mise en ligne. « Paris » était tombé boiteux l'avant-veille, « Rose » était réservée pour les field trials anglais, et « Doll » la pauvre Doll, qui, comme on dit, portait tout l'argent de l'écurie, fut refusée par les juges parce que le printemps avait commencé à faire son effet sur elle et qu'elle pouvait donner de fortes distractions aux chiens avec lesquels elle devait se mesurer... On ne badine pas avec l'amour en semblable circonstance.

A la suite de nombreuses luttes, une chienne appartenant au propriétaire Allemand qui offrait son terrain pour les field trials, chienne nommée Freya, se trouva en présence de Belle des Bordes qui venait de battre ses concurrents haut la main, comme Freya avait battu les siens. La pluie tombait à verse, le jour finissait, les juges exténués ne firent pas lutter Belle contre Freya à qui fut décerné le 1ᵉʳ prix ; mais nous savons de source *allemande* très certaine que, si la lutte avait eu lieu, toutes les chances étaient du côté de la chienne de M. Paul Caillard, classée seulement 2ᵉ prix.

Félicitons donc bien sincèrement notre compatriote qui a été tenter la fortune si loin et lutter contre les chenils les plus célèbres d'Allemagne, et par la même occasion qu'il nous laisse lui rappeler qu'il y a bientôt vingt-trois ans il débutait, comme écrivain sportif, dans *le Figaro*! Depuis, sa signature a paru et paraît très souvent, dans le *Sport*, et dans le *Journal des Chasseurs*, auxquels il envoie des articles remarquables qui donnent un élan puissant à toutes les choses de la chasse, aux courses d'obstacle, à la chasse à tir, au yachting... Qui ne se souvient, parmi ceux de cette génération, de certain pari homérique jugé par le duc de Gramont-Caderousse et le capitaine Vausitartt — pari où M. Paul Caillard, montant son cheval à 100 kilos, lui faisait exécuter avec une maestria incomparable tout le grand parcours du steeple-chase de La Marche hérissé alors d'obstacles énormes... Et cela, en moins de 5 minutes ! L'enjeu était de 5,000 francs.

Deux ans après, sur son petit yacht, « le comte Cavour », qu'il commandait lui-même, Paul Caillard gnait les régates internationales à Liège, descendant de cheval pour montrer en bateau, dressant ses chiens, menant sa meute — qui a été des plus célèbres pour les chasses de cerf et de chevreuil, — courant des steeple-chases ! Personne mieux que lui ne pouvait d'ailleurs deviser sur les sports, auxquels il a consacré sa vie, mais depuis quelque temps la plume de l'écrivain aimable autant qu'aimé est restée silencieuse ; et comme nous lui disions un jour qu'il devrait écrire tout ce qu'il a observé de nouveau depuis les dernières années, il nous répondit : « Je garde ce plaisir-là pour les heures de vieillesse, lorsque les jambes me feront défaut... J'éprouverai alors un grand bonheur à parler de ce que je ne pourrai plus faire. »

IX

UNE FERME A GIBIER. — LE MAHARAJAH DULEEP
SINGH. — LA RÉCOLTE DES ŒUFS DE FAISANS.

Il y a quelques années, le *Sport* publait un article intitulé *Game Farm* (une ferme à gibier). Depuis, le journal *Le Chenil*, parlant à son tour de ce domaine, situé en Angleterre, relata plusieurs faits qui me frappèrent : un tireur abattant, de neuf heures du matin à cinq heures du soir, 731 perdrix ; le nombre des œufs de faisans se montant en 1882 à 94,000, dont 77,000 étaient vendus ; le nombre des coqs et poules faisans pour la reproduction s'élevant à 10,000 — le tout dirigé par un prince de l'Inde, riche à milliards, le maharajah Duleep Singh. Je m'étais toujours promis de traverser le détroit exprès pour visiter sur place les procédés de culture du gibier britannique et en tirer des enseignements utiles à nos propriétaires et à nos éleveurs français.

Le hasard — qui n'en fait pas d'autres — m'a mis en rapport avec un gentlemen qui fut l'hôte et l'ami du Nabab-Nemrod. Il m'a permis de feuilleter le Note's-book dans lequel il a consigné ses observations, et c'est ainsi que je puis aujourd'hui donner — sur le château et la terre d'Elvedon — des renseignements qui touchent à l'invraisemblance et rendront rêveurs ceux de nos Crésus de Seine-et-Marne qui croient leurs guérêts et leur futaies royalement peuplés.

Elvedon se trouve dans le comté de Sussex, à trois milles de la station du chemin de fer ; sa distance de Londres est de trois heures.

La propriété se compose d'un château qui a coûté 575,000 francs, et de plusieurs petites fermes — le tout d'un seul tenant. Douze gardes suffisent au service habituel.

Pendant trois mois de l'année, pourtant, on prend des hommes en plus pour la destruction des lapins ; toutes les nuits, des rondes sont opérées par quatre ou six hommes réunis. Au commencement de l'exploitation, on comptait quelques braconniers. Le prince fit alors afficher que tout individu qui fournirait des renseignements sur les malfaiteurs aurait droit à une prime de 100 livres, soit 2,500 francs. Ce fut un excellent moyen, le braconnage disparut complètement.

Le revenu des fermes, des prairies et des bois sert à l'entretien de la propriété, et le bénéfice consiste dans la vente du gibier vivant, des faisans, perdreaux, lièvres et lapins et dans la vente des œufs de faisans et du gibier tué au fusil.

4.

L'ouverture de la chasse au perdreau se fait le 1ᵉʳ septembre. Certaine année, le Maharajah, qui est un tireur de première force, a occis à lui seul, entre neuf heures du matin et cinq heures du soir, 731 perdrix ; il a eu pour témoins de ce haut fait d'adresse une douzaine de personnes. Dans le mois de septembre 1882, le prince a tué en dix-huit jours 3.600 perdreaux et, dans la même année, lors de la visite du prince de Galles, le résultat a été de 900 perdreaux. L'ouverture des faisans se fait généralement le 1ᵉʳ octobre. Les trois premiers jours de chasse donnent au tableau 2,000 faisans par jour ; puis la semaine suivante, cinq journées de chasse à 800 faisans par jour, et vers la fin du mois, quatre autres jours de chasse à 300 par jour. — Pendant la dernière saison, on a relevé sur le carnet les résultats suivants : 9,000 faisans, 11,000 perdreaux, 2,000 lièvres et 60,000 lapins ; notez que l'année était mauvaise!

Non moins étourdissants sont les succès du Maharajah comme éleveur et producteur. Il est certain que sa *Game Farm* est un modèle sous tous les rapports. Voici comment il a procédé : 50 hectares de bois, de cultures et de pâturages sont entourés d'une clôture en fer galvanisé d'une hauteur de 10 pieds. L'espace enfermé est divisé en plusieurs lots principaux d'une contenance de 9 hectares environ. 2.000 faisans sont lâchés dans chaque enceinte. Il y a 1 coq pour 8 poules ; c'est la proportion qui a été trouvée la meilleure à Elvedon, bien que certains faisandiers de grande expérience affirment qu'il faut 1 coq pour 5 poules. Le couvert (broussailles, ronces et hautes herbes), le gazon et la terre labourée de chaque enceinte sont séparés par des barrières en fil de fer, qui peuvent être soulevées ou baissées à volonté.

La terre labourée est plantée de luzerne qui fournit une excellente nourriture verte aux faisans et aussi un endroit propice pour leurs nids. En effet, les poules choisissent presque toujours la luzerne, malgré le libre accès aux ronces et aux hautes herbes. Plusieurs faisans pondent dans le même nid comme les poules de basse-cour. Les œufs sont ramassés tous les jours par les gardes. Le nombre d'œufs, chaque année, a été en moyenne de 90,000, dont 57.000 sont vendus (Le Maharajad fournit la plupart des grands propriétaires anglais d'œufs de faisan, et aussi quelques grands propriétaires de France).

Pour empêcher les faisans de voler par-dessus la grande clôture, on coupe leurs ailes. Cette opération est faite tous les quinze jours à partir de juillet jusqu'à décembre. Voici comment on s'y prend : à l'angle de l'enceinte est une coulée longue de 10 mètres et large de 5 ou 6. Elle est couverte d'un filet en corde. La coulée est abondamment garnie de troènes et autres arbrisseaux, derrière lesquels se cachent les faisans. L'entrée assez large est munie d'un filet qui tombe par le tirage d'une corde. Les gardes et leurs nombreux aides battent l'enceinte et amènent les faisans dans la coulée, où ils entrent sans difficulté. Le filet s'abaisse et les hommes pénètrent à l'intérieur. La moitié porte des ciseaux, l'autre moitié attrape les faisans et les tient pendant que les camarades leur coupent une aile. L'aile gauche ou l'aile droite est choisie suivant l'âge de l'oiseau. Les faisans sont examinés et comptés, et ceux qui ne paraissent pas jouir d'une excellente santé sont portés à l'infirmerie.

A l'époque de la ponte, les œufs sont mis sous des poules ordinaires de basse-cour, recueillies à cet effet, chez les fermiers du Maharajah ; 300 poules couveuses sont achetées tous les ans. On les met dans des carrés de fil de fer, à mailles serrées, dont le couvercle est en bois.

Chaque carré forme un nid. Ces poulaillers minuscules sont établis sur le gazon, près de la maison du premier garde-chasse. Des tas de sable s'étalent à proximité pour que les poules puissent se rouler dans la poussière quand elles quittent le nid. Un homme arrive à donner à manger et à boire aux 300 couveuses en deux heures.

On ne permet pas à l'éclosion de se faire sous les po 'es. Un seul œuf leur est laissé vers la fin de la période d'incubation. Les autres ont été pris plusieurs jours avant et placés dans des couveuses artificielles inventées par le faisandier en chef, M. Mayes : il trouve qu'il perd ainsi beaucoup moins de poussins.

Sortis de la couveuse artificielle, les faisandeaux sont livrés à la poule, qu'on met sous une boîte en bois, sur un espace gazonné. Les petits entrent et sortent à travers les barreaux sur le devant de la cage.

Les 300 poules et leurs couvées sont placées en sept localités différentes pour éviter un trop grand rassemblement qui vicierait l'air et le sol et ferait naître des maladies. Ce point est extrêmement important. Il décide du succès ou de l'insuccès de l'entreprise.

Quand les faisandeaux sont assez grands pour percher, on place la cage de la poule dans une allée verte de la forêt, et, dès que les oiseaux ne viennent plus coucher avec leur mère, c'est qu'ils ont atteint l'âge de la force et l'ère de la liberté; la cage est enlevée et la poule renvoyée chez le fermier.

Dans le courant de novembre et de décembre arrivent des commandes qui varient de 500 à 1,000 faisans vivants. Les gardes placent des filets dans les allées de la forêt et prennent les faisans aux endroits où ils viennent manger — endroits connus sous le nom de sentiers d'agrénage. Pour les mettre en chemin de fer, on se sert de boîtes plates ou mannes de forme ronde de 1 mètre de diamètre. Elles sont en osier avec un bord également en osier d'un pied de haut. Une planche divise la boîte en deux compartiments et une toile à sac bien tendue forme le couvercle, qui sert de tampon pour la tête des prisonniers. Ceux-ci, comme les cailles, s'obstinent à vouloir s'envoler pendant le trajet.

Les œufs sont ramassés chaque jour, au nombre de 2.000 environ. Ce travail est accompli par les gardes et leurs aides. On les porte dans le bureau des expéditions, où deux hommes sont occupés à les entourer d'un cordon de mousse verte. On les passe ensuite aux empaqueteurs qui les rangent par couches dans des paniers qui peuvent en contenir de 2 à 300.

Les demandes d'œufs ont été si nombreuses ces dernières années, qu'il a fallu en refuser 30,000. Aussi le Maharajah avait fini par doubler l'espace et consacré, non pas 30, mais 60 hectares de bois et de prairie à l'élevage. Le nombre des coqs et poules pour la reproduction a été porté de 6,000 à 10,000.

La plupart des gardes et des faisandiers ne veulent pas d'œufs de faisans trop petits, croyant que les poussins seront faibles et chétifs. C'est une erreur. Le garde du Maharajah a, l'année dernière, gardé tous les petits œufs que ses hommes apportaient, et en a obtenu 11,000 faisandeaux aussi forts et aussi robustes que les autres.

Outre la faisanderie, il y a à Elvedon une vaste garenne et un parc à lièvres. La première fournit des lapins vivants pour le repeuplement des couverts, landes, maigres pâturages et dunes sablonneuses au bord de la mer ; le second fournit des lièvres vivants pour les plaines cultivées et surtout pour les épreuves des *greyhounds* (courses de chiens lévriers) à Plumpton et pour d'autres meetings similaires où le cousing se fait, non sur des terres libres, mais dans un parc clos de murs et avec des lièvres achetés à cet effet.

Lapins et lièvres sont expédiés dans des boîtes plates, divisées en carrés par des planchettes, de sorte que les rongeurs voyagent en coupé, et comme blottis dans leur gîte.

Pour éviter les dégénérescences, le Maharajah a eu sans cesse recours aux croisements. Ses reproducteurs et reproductrices viennent de loin, et ses races de plume et de poil sont tellement vigoureuses, qu'on lui demande constamment des lapins, des lièvres et des coqs, pour régénérer le gibier des chasses épuisées au point de vue des types et de la quantité.

On aurait absolument tort de croire que ce véridique résumé des richesses et des habiletés cynégétiques du domaine d'Elvedon est une manière de réclame — une sorte d'invite à s'approvisionner là, et non ailleurs, d'étalons de repeuplement. Car depuis le jour où le gentleman, de qui je tiens ces détails, y a opéré le fusil en main, une brouille est survenue entre le nabab et le cabinet britannique qu'il accuse de n'avoir pas tenu ses promesses.

Le prince a résolu de retourner aux Indes — projet qu'il a réalisé sans autre résultat que d'être chassé de ses anciens Etats lorsqu'il y a reparu — et il a mis en vente le château et la terre d'Elvedon.

J'ignore ce qu'il est advenu de ce coup de tête depuis six mois, tout ce que je sais c'est qu'à cette date les acquéreurs ne s'étaient point présentés

— et cela se conçoit. Nos millionnaires européens — quelle que soit leur opulence — n'ont pas de coffres-forts assez solides pour se lancer dans des enchères aussi vertigineuses et dans l'entretien d'un pareil Eden. Tout me porte à penser qu'Elvedon est resté sur les bras de son satrape et que l'on y a continué la culture fantastique dont je viens de transcrire les détails et les chiffres.

Au surplus, qu'Elvedon soit vendu ou non, que son prince, réconcilié avec l'Angleterre, en ait repris possession ou qu'il s'en soit défait, peu importe ! J'ai essayé de montrer que les tirés de Ferrières, des Bergeries, de Chantilly, de Bois-Boudran, de Triel et de Sainte-Assise sont dépassés. J'ai voulu prouver surtout que, bien dirigées, des chasses de cette importance ne sont point onéreuses, puisqu'on retrouve dans l'exploitation des terres, la vente du gibier, des œufs et des étalons, non seulement les frais généraux de l'entreprise, mais encore des bénéfices considérables.

Et, si j'ai stimulé, par ce tableau, l'ardeur de nos éleveurs, au point qu'ils arrivent à mettre à notre disposition les bipèdes et les quadrupèdes de reproduction que nous achetons en Angleterre, en Allemagne, en Hongrie et dans le Tyrol, je ne regretterai pas d'avoir été chercher au delà de la Manche le sujet du présent chapitre...

Faire rester l'argent français en France est un but dont nul ne me contestera l'utilité par le temps de déficit qui court.

X

LA MÉDICATION DES ANIMAUX

Les gens de sport et les amateurs de plein air ont, avec les animaux, des relations amicales ou belliqueuses, qui leur prouvent que les bêtes n'échappent point aux misères physiques dont l'humanité est journellement la proie. Sur elles, comme sur nous, s'abattent les épidémies, les accidents et les altérations organiques qui nécessitent l'intervention du vétérinaire. J'imagine qu'on ne me contredira pas si j'avance qu'il y a plus de mérite à sauver un être muet, incapable d'exprimer — même par gestes — le siège et la nature de son mal, qu'un bipède parlant, et facilitant à l'aide de mille moyens, les investigations de la thérapeutique. Un citoyen qui vous dit : « Je souffre en cet endroit et je ressens tels troubles dans mon économie », résout à moitié le problème de sa guérison, tandis que la bête, affaissée sur sa litière, l'œil éteint, refusant tout aliment et insensible à la voix de ceux qui lui prodiguent des soins, dresse devant les plus habiles praticiens des points d'interrogation embarrassants et terribles... Aussi, ne puis-je me défendre d'une vénération et d'une admiration sincères pour les diagnostics exacts prononcés, dans les chenils, les écuries et les basses-cours par les Hippocrates sortis de l'école d'Alfort.

Et notez que chaque jour, la science vétérinaire fait des progrès. Jadis, sa médication se bornait à des saignées, à des sétons et à des purgatifs ; aujourd'hui le Codex animalier est aussi touffu en ordonnances que le Formulaire spécial aux maladies de l'homme... Je dirai mieux : ils se ressemblent au point que, comparant les deux recueils, je me demandais dernièrement si le vétérinaire n'est point aussi apte qu'un docteur de la Faculté de Paris à nous débarrasser des affections courantes qui nous assiègent.

J'exprimais un jour ce sentiment en présence du plus érudit médecin des bêtes, M. le docteur Leblanc. Il me répondit fort justement qu'il n'y avait aucune raison de procéder autrement à l'endroit d'individus physiologiquement agencés comme nous, c'est-à-dire pourvus d'un cœur et d'un estomac fonctionnant comme les nôtres. Leur système nerveux seul, présente, sous le rapport de la sensibilité et de l'irritabilité, des différences caractérisées. Et encore, sur ce point des doutes ont été émis. On a vu des poules avoir des vapeurs, des chiens atteints de spasmes et des chevaux affligés d'ataxie. De plus, on a constaté sur leur moelle l'action sédative des opiacés. Je connais personnellement un coq que son ardente humeur avait littéralement vanné : le bromure de potassium lui rendit le calme et la santé !

J'ajoute qu'il faut une ingéniosité et des ruses particulières pour faire avaler des remèdes à des êtres qui n'ont pas la conviction intime qu'on agit dans leur intérêt. Jamais, par exemple, vous ne persuaderez à un lion que sa vie court des dangers s'il ne se prête aux soulagements que procure un... lavement. Le roi du désert montre, devant l'instrument de M. de Pourceaugnac, une défiance difficile à vaincre, et il persiste à lui faire face — alors qu'on réclame de sa docilité une posture diamétralement contraire... Je fus témoin, au jardin zoologique d'Anvers, d'une scène que j'ai, je crois, contée, mais que je n'ai jamais écrite. Il s'agissait de déblayer les entrailles obstruées d'une lionne qui s'en allait mourant. La peinture et l'énumération des efforts qu'il fallut déployer pour arriver au but exigerait plusieurs pages de ce volume. Qu'il vous suffise de savoir qu'après mille tentatives — plus vaines les unes que les autres — un belluaire subalterne eut l'idée de saisir la queue du félin au moment où son extrémité dépassait les barreaux de sa cage et la tira violemment à lui. Des aides, en s'attelant à cet appendice — comme les matelots au câble d'un cabestan — triomphèrent des résistances du fauve qui rugissait et qui dut, tournant le dos malgré lui, avaler la potion indispensable à son salut.

L'absorption des substances médicamenteuses, dans le sens ordinaire, offre moins d'obstacles; mais là encore il faut être prudent et avisé. Le chien mord souvent la main qui le veut soulager, et pourtant rien n'est plus simple que d'insinuer une mixture quelconque dans sa gueule obstinément fermée. Il suffit de lever sa lèvre supérieure — sur le côté. On trouve, entre ses canines et ses grosses molaires, un vide qui semble ménagé exprès pour l'introduction du bec d'une cuiller ; on fait basculer l'appareil et la cérémonie est terminée !

Parmi les nombreuses publications animalières qui paraissent il en est trois qui sont dignes de nos éloges au même titre que les gazettes médicales les plus intelligemment rédigées. Ce sont l'*Acclimatation*, l'*Éleveur* et la *Chasse et la Pêche*. Ces trois journaux donnent, habituellement, des comptes rendus d'autopsie d'animaux appartenant à toutes les familles et à toutes les espèces, ainsi que des conseils qui permettent à leurs lecteurs d'entreprendre eux-mêmes la cure de leurs malades à quatre et deux pattes. Chaque fois que je parcours ces pages nosographiques, j'ai des surprises nouvelles — car j'apprends que telle poule, telle chienne, telle perruche, envoyées *post-mortem* aux laboratoires de ces feuilles, ont, d'après l'avis du vétérinaire qui les dirige, succombé, celle-ci à un cancer du foie, celle-là à une péritonite, et la dernière à une phthisie galopante : on croirait parcourir le registre mortuaire d'un hôpital !

Les enseignements les plus salutaires découlent de ces procès-verbaux — pour la plupart présentés sous forme de lettres adressées aux propriétaires des cadavres examinés. C'est ainsi que l'on écrit à madame la marquise de B..., dans le dernier numéro de l'*Eleveur* : « Votre poussin est mort d'une diarrhée, déterminée par la froid et l'humidité. Tenez désormais vos poussins au sec. » Le même recueil mentionne l'analyse des poumons d'un lièvre, décédé dans un état d'étisie complet chez M. T..., et, de cette analyse, il appert que le lièvre a mangé d'une herbe fréquentée par un certain ver (*Strongylus commutatus*), lequel s'est insinué dans ses poumons et y a déterminé — en y pondant des œufs — une tuberculose fatale !

Dans l'*Acclimatation*, je constate que beaucoup de chiens sont emportés par le vice rhumatismal qui, tout à coup, se localise dans un viscère essentiellement vital, paralyse son fonctionnement et cause un trépas presque foudroyant... Et puis, c'est la triste fin d'un pigeon enlevé par le croup et le cas lamentable d'un lapin amaigri par la gale, et la fin dramatique d'un cochon d'Inde se brisant la tête contre les parois de sa prison, dans l'affolement que lui causent les piqûres des parasites pullulant dans sa fourrure !

C'est aussi, dans *la Chasse et la Pêche*, l' « observation » qui résulte des explorations du bistouri au plus profond des organes internes d'une paonne — observation établissant qu'elle a rendu l'âme, frappée d'une diphtérie contagieuse — corroborée, d'ailleurs, par la fin de cinq canards qu'elle fréquentait en tout bien tout honneur. Parlerai-je du cygne enlevé par une fièvre paludéenne? Et de l'ânesse chlorotique que le fer Bravais lui-même n'a point sauvée?

Point n'est besoin, je pense, d'insister sur les effets de ces recherches et l'utilité des mesures préventives qu'elles engendrent. Ce que je puis affirmer, c'est que MM. Jean, Megnin et Marique, qui se sont consacrés à ces constatations posthumes, méritent les encouragements et les félicitations des éleveurs et des propriétaires...

Les ichtyophiles, seuls sont quelque peu désappointés de voir que l'art vétérinaire moderne reste impuissant devant les maladies des poissons. Je les supplie de réfléchir aux difficultés présentées par le cas des carpes ou des barbillons qui se pâment de consomption dans un étang. On ne peut leur tâter le pouls, ni délimiter par le toucher le point où leur constitution est attaquée... Et quand bien même on arriverait à découvrir les origines de leur dépérissement, allez donc soigner les névralgies ou les gastrites d'individus qui vivent dans l'eau! Il est absolument interdit de leur prescrire l'hydrothérapie et les frictions sèches!

Vous connaissez l'histoire du domestique qui s'avisa d'emplir d'eau de Saint-Galmier le bocal où périssaient, d'un mal inconnu, les poissons rouges de son maître. J'en ai beaucoup ri jadis... Et voilà que les événements — sans donner raison au jocrisse — excusent presque sa naïveté!... Les habitants d'un bassin qui fait l'ornement d'une pelouse située devant le perron d'un château de Seine-et-Oise trahissaient, par leurs évolutions, un pressant besoin d'oxygène. Ceux qui ne crevaient pas venaient continuellement aspirer l'air à la surface. Ce que voyant, le suzerain du castel s'imagina d'oxygéner artificiellement l'eau de cette vasque. Les décès discontinuèrent, les écailles des malades reprirent leurs belles couleurs, et les nageoires, qui pendaient alanguies, se redressèrent pour battre l'onde avec une vigueur inaccoutumée!... De là à conclure que dans un avenir prochain on traitera les poissons comme les poules, il n'y a qu'un pas. Et ce pas sera franchi le jour où l'on fera l'autopsie des goujons et des anguilles comme on fait celle des veaux et des dindons! Oui! Vous verrez sous peu qu'on additionnera de morphine et de salicylate le liquide réservé aux ébats des fritures souffreteuses.

En attendant, je songe au peuplement des chasses et j'appelle l'attention des faisandiers sur les phénomènes morbides qui les frapperont dans les allures de leurs élèves. La mortalité sévit en moyenne sur les couvées de perdreaux et de faisans dans une proportion de 40 0/0. Il est, selon moi, facile de la combattre en s'inspirant des recherches affectuées par la zoologistes compétents. On s'est aperçu que les parasites infligeaient aux poussins une foule de bobos qui les tuaient à la longue — et qu'en lavant les faisanderies au phénol, on évitait à leurs locataires emplumés des maladies de peau et des altérations de muqueuses mortelles... Voilà une indication précieuse.

Je me demande aussi pourquoi l'on a si promptement renoncé, en France, à l'emploi des couveuses artificielles pour les œufs des gallinacés de chasse! Je sais que rien ne vaut les soins naturels d'une mère attentive... Mais enfin, ce qui réussit pour les volailles doit réussir pour les espèces similaires... Et puisque nous voyons picorer, sur le fumier des fermes, des centaines de poussins-Houdan, éclos à la chaleur d'une lampe à alcool, il n'est pas interdit de penser que, grâce au même procédé, des pouillards et des faisandeaux pourraient en nombre considérable circuler dans nos luzernes et dans nos jeunes tailles. N'ai-je point d'ailleurs consigné, dans le chapitre précédent, les succès de la couveuse artificielle applicable aux œufs de faisan?

Je suppose que les tentatives faites dans cette voie ont échoué par la négligence des opérateurs. Ils auront trop levé la mèche de la lampe. En sorte que, voulant se rendre compte des causes de leur insuccès, ils ont cassé les œufs soumis à l'épreuve et les ont trouvés à point pour les assaisonner d'huile et de vinaigre.

Je n'entends pas médire des œufs durs que j'affectionne particulièrement, mais le chasseur l'emportera toujours en moi sur le gourmand, et jusqu'à mon dernier soupir je préférai une compagnie de perdreaux à la meilleure des salades!

XI

PÊCHEURS A LA LIGNE

Lorsque le chronomètre des âges marque la seconde du 15 juin sur son éternel cadran, il est permis aux Français de reprendre, après un armistice de deux mois, les hostilités contre les poissons : aussi, ce matin-là, l'aurore n'a pas encore passé ses gants roses pour entrebâiller les portes de l'Orient, que déjà cheminent, par les voies, des bataillons armés de gaules... Un étymologiste — je parle de ceux qui s'adonnent à l'écartèlement et à la dissection des mots — chercherait à vous démontrer que Gaulois vient de Gaule et que, pour cette raison, les pêcheurs à la ligne surabondent parmi les 35,000,000 de sujets de M. Grévy ; j'ai des vues moins prétentieuses. Je désirerais *seulement* avoir l'éloquence d'un Bossuet pour exprimer, dans une phrase lyrique et magistrale, que le pêcheur à la ligne est un type immuable, qui a toujours existé avec les mêmes faiblesses, les mêmes appétits, les mêmes ardeurs et les mêmes ridicules. Les empires se sont effondrés, les royaumes se sont écroulés, les républiques ont culbuté ; les régimes, les gens et les choses se sont modifiés : seul, au milieu de ces bouleversements, le pêcheur à la ligne est resté debout, au bord des fleuves, son roseau à la main et l'œil fixé sur son bouchon de liège.

Choisissez le moment où ça *mord* pour annoncer à un de ces fanatiques le trépas de sa femme ou la perte de sa fortune, il ne bronchera pas. Si j'avais été chirurgien, j'aurais utilisé cet hypnotisme spécial comme insensibilisateur et anesthésique. Sachant que tel de mes malades est pêcheur à la ligne, j'aurais commencé par l'installer au bord d'une rivière bien peuplée et j'aurais choisi le moment où l'ablette sollicite son hameçon pour lui insinuer mon bistouri dans les muscles... Tenez pour certain qu'en cas pareil le patient n'aurait pas seulement dit : ouf!

Il y a quelque hardiesse à vouloir écrire encore sur le pêcheur à la ligne — ce personnage dont tant de peintres et de littérateurs ont tracé la physionomie. C'est courir au-devant des redites et du ressassé... N'importe! je veux tenter l'aventure. Aussi bien, les peintres ont représenté des Vénus depuis que la peinture existe et chaque salon nous montre des Vénus... traitées d'une façon plus ou moins callipyge !

Le pêcheur à la ligne se couche de bonne heure le

14 juin, afin de dormir son saoul et de se réveiller matin... Mais il a compté sans la fièvre ichthyologique — une fièvre *sui generis* qui livre sa victime à une agitation singulière et le secoue sur sa couche, dans des cauchemars effrayants. Il fait, en songe, des expéditions improbables et se trouve mêlé à des incidents fantastiques. Tantôt il amène au bout de son fil sa propre belle-mère. Tantôt il sort de l'onde un poisson de forme inconnue qui lui tient des propos incohérents. Le signataire de ces lignes (qui, dans sa prime jeunesse, fut possédé de la passion de pêcher) rêvait, tous les ans, cette nuit-là, qu'il harponnait un brochet gros comme un tambour-major. L'animal tiré sur la rive, se dressait tout à coup, empoignait son bras dans sa gueule formidablement armée et l'entraînait au fond de la rivière où tous les brochets du canton l'attendaient pour lui faire passer un examen de botanique. Comme — cela va sans dire — il répondait fort mal et se troublait en présence de cet aréopage étrange, il était condamné par le plus vieux de la bande à avoir le nez dévoré, et les juges à tour de rôle venaient lui labourer le visage... jusqu'à ce qu'il se réveillât le front en sueur et les membres tremblants d'effroi. Son premier mouvement consistait à s'assurer qu'il avait encore son nez.

Les plus endurcis n'évitent point cette veillée énervante. Ils sursautent à tout moment et regardent la pendule jusqu'à ce qu'ils prennent le parti de se lever pour se livrer aux préparatifs d'usage.

J'ai connu un vieux capitaine d'artillerie retraité

qui fabriquait ses engins de ses propres mains; il avait inventé un hameçon explosible pour les poissons de forte taille. Mais il renonça vite à son innovation car le fulminate, en éclatant dans le ventre de la bête, dispersait sa chair, et il n'amenait à lui que quelques arêtes échappées à la capilotade générale.

Il faut, comme moi, avoir habité les berges de la Seine pour avoir remarqué les toquades propres à chaque individu. Un ancien maître d'armes retiré des affaires faisait macérer dans un seau des harengs saurs arrosés d'eau d'Enghien et il trempait dans cette mixture (qui ne sentait pas la vanille) non seulement ses appâts et ses ustensiles, mais encore ses habits, son chapeau et jusqu'à sa vieille pipe d'écume. Il prétendait, grâce à ce baptême, attirer à lui toute la friture du département, et quiconque lui eût soutenu le contraire eût reçu ses témoins dans les vingt-quatre heures.

Ces deux spécimens de maniaques sont les seules têtes chaudes que j'aie mentionnées sur mon carnet d'observations, car le pêcheur à la ligne est d'humeur peu belliqueuse. Son naturel est plutôt patient, contenu et contemplatif. L'habitude du silence et de l'immobilité maintiennent son verbe dans les notes basses et son geste dans les mouvements doux. La statistique affirme que jamais un assassin ne fut pêcheur à la ligne. Le fait est d'autant plus notoire qu'il y a un contraste surprenant entre le caractère des pêcheurs et leur apparence extérieure. Ils ont, sous leurs vêtements maculés de boue et de cambouis, des dehors farouches et repoussants ; la plupart vous rendraient circonspects si vous les rencontriez au coin d'un bois.

En 1875, la rive droite de Nogent-sur-Marne était fréquentée par un grand vieillard d'allure suspecte qui, sous sa casquette sordide, portait un bonnet de coton noir. Ce qu'il en prenait de goujons !... il est impossible de s'en faire une idée. Quand je vins, pour la première fois, m'installer à côté de lui, il s'arma d'un couteau catalan qui, lorsqu'il fut ouvert, avait une envergure d'un mètre. Il faisait jour à peine ; les environs étaient absolument déserts : je crus ma dernière heure arrivée et je m'apprêtais à défendre une existence qui m'était particulièrement chère lorsqu'il tira, de la poche de sa vaste houppelande, un pâté qu'il coupa en deux et dont il m'offrit la moitié en ces termes :

— Veau et jambon, monsieur... Ma femme l'a préparé et vous m'en direz des nouvelles.

C'était un ancien professeur de rhétorique qui lardait sa conversation de citations latines et dégoisait invariablement des vers de Virgile tandis qu'il accrochait des vers de terre à sa ligne. Il partageait mon dégoût pour l'asticot : aussi flétrissait-il en paroles amères les clients de la mère Canard qui débitait ce genre d'amorces aux abords du pont de Joinville.

Le fait est que je n'ai jamais pu m'habituer au spectacle grouillant de la population qui s'agitait, sur son étal, au fond de ses saladiers. Elle avait beau me dire : — Regardez-moi ça, mon petit homme, sont-ils assez gentils, mes asticots ! prenez m'en un demi-litre...

Je résistais et je prenais la fuite en me bouchant le nez. Et comme la mère Canard n'avait pas précisément le langage et les façons d'une duchesse, elle plantait ses poings de chaque côté de son énorme ventre et me criait :

— Va donc, aristo ! faudrait-il pas te les tremper dans du Bully ?

La bonne place ! — celle où l'on voit, à tout coup, la plume disparaître par un mouvement brusque précédé de titillations prémonitoires — voilà l'idéal et le rêve du pêcheur ! On sait que la friture adopte de préférence les anses peu submergées et sablonneuses où le soleil attiédit l'eau et fait sortir de la vase les animalcules dont le goujon est friand. Quand le pêcheur a mis le pied sur cet emplacement béni, on est mal venu a s'arrêter dans son voisinage. Il m'advint, à Villeneuve-Saint-Georges, de monter ma canne à quelques mètres d'un « confrère » que le hasard avait favorisé. Comme j'étais dans mon droit, je procédais à mes préparatifs sans paraître entendre ses grognements significatifs. A la fin, ses traits s'illuminèrent; il se tourna de mon côté et, me dévisageant :

— Vous savez, jeune homme, que vous avez attrapé un coup de soleil?

— Ça m'est égal.

— Vous avez tort : en ce moment les coups de soleil sont mortels, car ils dégénèrent en érysipèle.

— Ah bah !

— Oui, pas plus tard qu'hier, une femme du lavoir, que vous apercevez d'ici, n'a pas voulu m'écouter ; elle est restée dehors au lieu de rentrer se frotter la figure avec du saindoux et ce matin elle est morte... Si je vous dis ça c'est pour votre bien et parce que je m'y connais... je suis vétérinaire.

Le piège était naïf, je n'eus garde d'y tomber et pourtant, l'avouerai-je ? de temps en temps je courais à un bateau amarré dans le voisinage et, Narcisse du trac, je me penchais sur la Seine — le seul miroir disponible — pour constater non pas que j'étais joli mais que je n'avais pas le visage cramoisi.

La pêche impose à ses fervents des attitudes qui nécessitent une grande souplesse dans les articulations ; on n'opère pas toujours dans des endroits facilement praticables. Examinez les pêcheurs qui foisonnent d'Asnières à Bercy, vous verrez que la capture d'un gardon ne lui laisse pas les aises du hamac ou du canapé.

Tantôt, il se cramponne à une palissade, les jambes raidies, le bras gauche crispé, n'ayant plus que le bras droit libre pour manier la ligne.

Si, par hasard, une ablette mord, quel effort pour ferrer, et incarcérer dans le filet son pauvre petit butin.

Tantôt, il est sur le parapet d'un pont, avec une

canne démesurément longue et une ligne de trois mètres au moins; alors il se comprime la poitrine contre la pierre et sa tête qui se congestionne a l'air d'être attirée par l'eau, comme si une brême énorme l'invitait à lui rendre une visite de politesse.

S'il est pêcheur timide et s'il craint les situations périlleuses, — ce qui est le cas des vieux pêcheurs soi-disant expérimentés, — il s'asseoit sur un pliant, et se fait rôtir toute la journée par le soleil.

J'ai oublié parmi les pêcheurs au parapet, celui qui tient sa canne par l'extrême bout et qui ajoute à sa longueur le plus grand allongement possible du bras.

C'est très fatigant, et cela procure des crampes aux jambes.

Il y a le pêcheur qui s'accroupit, à la façon des odalisques; celui-là séduit rarement les ablettes; mais il attrape généralement des tours de reins.

Il y a le pêcheur qui se contorsionne, se penchant à gauche ou en arrière, comme un joueur de billard qui joue à contre-face; il réussit rarement; c'est d'ordinaire un grand ramenneur de « savetiers ».

Parlons de l'audacieux.

Celui-là se place soit à l'avant d'une péniche, soit à l'extrémité d'une branche d'arbre qui avance sur le fleuve, parce qu'il veut atteindre le milieu.

Les pêcheurs en bateau :

Il y en a qui pêchent assis sur l'avant; d'autres préfèrent l'arrière; la majorité préfère le côté bâbord, — pourquoi? — elle n'en sait rien; car c'est d'ordinaire le plus mauvais : en effet, il ne faut pas chercher le poisson loin de la barque, mais à l'ombre de la barque, et au besoin sous la barque.

Et la femme qui pêche! Elle veut taquiner le fretin comme elle taquine avec tant de succès la plus endurante moitié du genre humain.

Elle y réussit peu.

Et pourtant Dieu sait si les femmes adorent la pêche. Seulement il faut que ça morde! Leur patience *limited* ne s'accommode pas des accalmies. Si leur cavalier galant n'a pas la précaution de pétrir une boule de son ou de pain de chènevis, — qui en se désagrégeant sous les poussées du courant, appelle le poisson devant leur hameçon, — leur provision de persévérance est vite épuisée. Elles commencent d'abord par fouetter l'eau avec des mouvements nerveux, font à chaque instant tournoyer leur ligne dans l'espace au risque d'accrocher le chapeau ou les robes des promeneuses et finissent par renoncer à la lutte avec des considérations humiliantes pour le théâtre de leurs opérations : « En voilà une rivière... autant pêcher dans une carafe! Ah! si j'avais su!... » Malheur à leur compagnon qui est, dès lors, en butte à leurs railleries et paye pour la stérilité des eaux. Obsédé, tourmenté, dérangé, il lui faut renoncer au plaisir qu'il s'était ménagé et c'est dans la dispute et l'aigreur que se passe le dimanche promis au rire et à la joie.

Si vous voulez m'en croire, n'amenez jamais de

femmes avec vous dans ces expéditions. Accomplissez vos exploits, seul et sans autre compagnie que vos pensées et vos méditations. Vous aurez alors des chances sérieuses de montrer en passant à l'octroi un butin sérieux sur lequel les employés jetteront un regard d'envie.

Et si le sort vous a favorisé ; si une carpe bienveillante ou un barbillon généreux a bien voulu condescendre à garnir le fond de votre panier, parez la tonnelle qui s'élève sur la pelouse de votre chalet, recommandez à votre cuisinière de bien accommoder votre capture et invitez vos voisins de campagne à venir la dévorer avec vous.

Les toasts, les compliments de l'assistance, et jusqu'à la queue frétillante de votre bull familier, tous les hommages possibles récompenseront vos efforts et votre adresse.

XII

MATCH à L'AVIRON

J'ai assisté au huitième match annuel à l'aviron, fondé en 1870 par le *Rowing-Club* et la *Société nautique de la Marne*. Le parcours a été, comme les années précédentes, de Billancourt à Suresnes — soit 7,200 mètres. Les deux équipes, en *outriggers à huit rameurs*, étaient à leur poste à l'heure prescrite, et le troisième coup de trois heures sonnait aux horloges du Point-du-Jour quand une triple détonation annonça *Urbi et Orbi* que l'assaut était engagé...

Avant de consigner l'issue de la lutte, je veux conter les conditions singulières dans lesquelles j'en ai suivi les phases. L'invitation, que m'avaient gracieusement envoyée les comités concurrents, portait qu'une place me serait réservée à bord d'un bateau à vapeur spécialement frété pour suivre les embarcations rivales. Le rendez-vous était fixé à deux heures précises au Pont-Royal. Or, une circonstance imprévue fit qu'il était déjà deux heures cinq quand mon fiacre roulait, de toute la vitesse de son alezan, le long du quai des Tuilleries. Je me tenais debout, anxieux, accroché au siège du véhicule, lorsque j'aperçus, descendant la Seine, un yacht coquet portant à son avant un pavillon historié dont ma mauvaise vue m'empêchait de distinguer les dessins et les nuances.

— Voilà le bateau des courses ! me dit mon cocher.

Jamais je n'appréciai davantage l'amertume du « trop tard ».

Dès lors, je n'eus plus qu'une idée : rattraper mon navire ou arriver avant lui à Billancourt, le héler, me joindre à ses passagers et complimenter son capitaine de la trop rigoureuse exactitude de son départ.

Payer le cocher, descendre à l'embarcadère le plus proche et sauter sur une *mouche* qui accostait justement, fut l'affaire d'une minute. Mais après quelques mètres parcourus, j'apprends du contrôleur du bâtiment qu'il ne dépasse point Auteuil ; et me voilà, tout affolé, remettant pied à terre et volant vers un ponton où s'arrêtent les *hirondelles* à destination de Suresnes..... Bref, j'arrive à Billancourt d'où je distingue au loin, courant des bordées en attendant le moment psychologique, le yacht élégant qui m'avait passé sous le nez, au quai des Tuileries.

Je me mets à crier de tous mes poumons pour attirer sur moi l'attention des personnes qui le montent... ô joie ! les l'orgnettes se braquent sur moi et le yacht, décrivant une courbe gracieuse, s'approche de la rive. Il n'en était séparé que de quelques mètres quand un jeune homme, coiffé d'une casquette ancrée d'or, s'avança sur l'avant et me tint ce discours :

— Vous devez vous tromper, monsieur, nous ne vous connaissons pas...

— Vous n'êtes donc pas sur le bateau du *Rowing-Club* ?

— Pas du tout. C'est un vapeur particulier. Le vôtre a dû quitter le Pont-Royal à 2 heures 1/2 pour venir stationner au-dessous du Point-du-Jour, à la pointe de l'île de Robinson — d'où a lieu le départ des équipes.

Ainsi donc j'avais consacré une persistance inutile à la pousuite d'une embarcation étrangère. Et toute cette peine pour m'échouer en un endroit faussement indiqué par le programme officiel !... C'était de la guigne, et de la plus corsée ! En pareille occurence, il n'y a qu'à s'incliner devant la fatalité. Je m'assis tout essoufflé sur la berge, en m'épongeant le front... Quelques minutes plus tard, les hourrahs poussés par la foule, massée sur le pont de Billancourt, m'avertirent que les yoles adversaires approchaient... Elles filèrent sous mes yeux, rapides comme des flèches et suivies du satané vapeur que j'avais raté. Des « mouches » et des « hirondelles » les escortaient également — chargées de monde à sombrer. Sur le quai, des voitures de postes et des breacks galopaient, bondés de parieurs dont les jumelles ne quittaient pas les jouteurs. C'était d'un aspect très pittoresque !... mais au fond j'étais fort déconfit. Par bonheur, je rencontrai une victoria maraudeuse qui, moyennant un salaire — plus qu'honorable — consentit à me mener bon train à Suresne où je désirais assister au dénoûment de l'action.

Malgré sa surchage de six kilogrammes le *Rowing-Club* triompha — touchant le but 33 secondes avant l'équipe de la Marne, — après avoir accompli son parcours en 26 minutes et 20 secondes — soit une vitesse approximative de quatre lieues à l'heure. Un bon percheron trotteur ne fait pas mieux !

Ce succès porte à cinq les victoires des Bleus et Rouges, alors que les Bleus et Blancs n'en ont que trois à leur actif. Il n'en faudrait pas conclure que l'équipe de la Marne est inférieure à celle du Rowing. Le vulgaire — j'entends les profanes non initiés aux subtilités mécaniques du canotage — ne se doute pas de la sensibilité d'une embarcation, effilée et légère, mue par huit gaillards qui tiennent son sort au bout de leurs avirons. Le moindre contretemps dans la parfaite harmonie et l'ensemble automatique des efforts suffit pour déterminer une perte de parcours.

Le barreur n'a qu'à exagérer d'un millimètre le mouvement imprimé au gouvernail, pour déranger la volée rectiligne de l'appareil et déterminer sa défaite. Aussi ne confie-t-on ses destinées qu'a des rowing-men entraînés, expérimentés et rompus à toutes les difficultés que présente ce genre de tournois. Celui dont je parle avait les complications supplémentaires d'un *terrain* difficile, en ce sens que la Seine était sillonnée de canots et de yachts de plaisance. J'allais oublier les grosses péniches marchandes que les réjouissances nautiques laissent indifférentes et qui ne changent pas pour si peu leur itinéraire accoutumé. Les barreurs étaient obligés de couler leurs frêles esquifs au travers de ces flottes; c'était merveille de voir l'habileté de leurs manœuvres. Quant aux nageurs — instruments passifs tournant le dos à l'espace qu'ils doivent dévorer — ce sont de véritables machines desquelles on n'exige que de la poigne et de la cadence.

Je ne pouvais me défendre de penser que le sport nautique mérite bien plus d'admiration que les *matches* hippiques qui s'effectuent sur des pistes libres dont la police chasse le public; là, le jockey n'a qu'à se préoccuper uniquement de sa monture. Je me demandais même pourquoi des solennités, comme celle que je traite en ce chapitre, ne déterminent pas l'administration à défendre l'accès du fleuve à toute autre embarcation — pendant la demi-heure de leur durée.

En Angleterre, où le rowing jouit d'une vogue et d'une popularité qu'il n'a point encore en France, les Grands Prix provoquent des mesures d'ordre très rigoureuses et le *youyou* imprudent qui s'aventurerait au milieu de la Tamise, quand Oxfort et Cambridge sont aux prises, serait passible d'une peine très sévère — sans compter la fureur et les injures des riverains.

Dans son livre des *Sports athlétiques*, M. de Saint-Clair a incidemment décrit, avec son autorité habituelle, les avantages hygiéniques et physiologiques du Rowing. La lecture des pages qu'il consacre à l'entraînement du rameur et aux bénéfices que sa santé, sa vigueur musculaire et l'élégance de ses formes tirent de sa pratique, donnent l'envie de s'incorporer dans quelqu'une des compagnies qui le dimanche, à Bougival, émerveillent le bourgeois par l'exhibition de leurs biceps puissants et la simultanéité de leur « plumage ». L'exercice de la rame transforme, paraît-il, les rachitiques en Apollons et met les rhumatismes les plus opiniâtres en déroute...

Je ne parle pas, cela va sans dire, des braillards de l'île des Ravageurs, qui promènent des bachots à la surface de la Seine, en criant à ceux qu'ils croisent dans leurs bordées : « Ohé! ohé! du canot! » Ceux-là sont au Rowing ce que les écuyers dominicaux de Sceaux et de Montmorency sont aux gentlemen de l'allée des Poteaux.

Pour mon compte, je ne connais d'autre navigation fluviale que celle qui consiste à traverser une rivière ou à la remonter d'une centaine de mètres, pour avoir la jouissance d'être ramené à son point de départ par le courant — paresseusement allongé et savourant le parfum d'une cigarette turque. Ce sport ne procure pas les émotions du match de dimanche, mais il en donne qui méritent la gratitude des poètes... Une nuit d'août, j'ai descendu la Seine de Poissy à Meulan. La lune argentait la nappe liquide et son éclat n'empêchait pas les innombrables étoiles de scintiller — semblables à des yeux d'or — dans le sombre azur du firmament assoupi. Le calme, épandu sur les rives, était tel qu'on entendait bruire les insectes nocturnes égarés dans les gazons. Et ce grand silence avait une solennité grave qui pénétrait l'âme et l'abîmait dans un recueillement religieux... Comme, à des heures pareilles, l'homme se sent débile et petit! Quels pensers philosophiques lui inspire la conscience de sa chétivité!

XIII

VÉLOCIPÈDES ET TRICYCLES

Il y a 113 ans, parut, dans un parc anglais, une voiture en bois, à quatre roues, manœuvrée par deux hommes. Cinq ans plus tard, une machine, mue à l'aide de ressorts et fonctionnant grâce à l'action des mains et des pieds, fut présentée à la cour de Versailles. En 1816, — quarante ans après les premiers essais — on vit circuler dans les promenades parisiennes la monture de laquelle est né le vélocipède actuel. Ce véhicule appelé *Draisienne* (du nom de son inventeur, le baron Drais de Saverbrun), se composait de deux roues d'égal diamètre, reliées par un traverse en chêne sur laquelle s'asseyait le patient. Obligé de mettre la machine en marche en imprimant des poussées sur le sol avec les pieds, ce cavalier était à la fois ridicule et exténué ! Une estampe de l'époque montre une course de ce genre dans le jardin du Luxembourg, et les sourires de l'assistance indiquent plus de raillerie que d'admiration pour cette lutte absolument nouvelle.

Vers 1855, un serrurier, chargé de réparer une Draisienne, eut l'ingénieuse idée d'adapter, au moyen des manivelles coudées, des pédales, qui permettaient de donner de l'impulsion à l'instrument sans qu'il soit nécessaire aux jambes de demander un appui intermittent au pavé. La France a donc le droit de réclamer l'invention première du bicycle, employé et répandu aujourd'hui dans les cinq parties du monde. Prétendre que ma patrie a le droit d'en être très fière serait excessif, car cette découverte n'a jusqu'à ce jour servi qu'à distraire des adolescents à jarrets vigoureux. Mais les applications du vélocipède n'ont pas dit leur dernier mot. Viennent les temps où il sera reconnu qu'il est utile dans nos armées, accélère les communications postales dans les pays dépourvus de chemins de fer, et n'endommage pas à la longue l'articulation du genou — il faudra tresser des couronnes et en coiffer le buste du serrurier Michaux, défunt à cette heure.

Quoi qu'il en soit, je constaterai les améliorations rapides et incessantes de la fabrication du vélocipède. Substitution du métal au bois, roues en laiton creux *ferrées* de caoutchouc, poids de l'outil abaissé de 75 kilos à dix-huit livres : voilà du progrès où je ne m'y connais pas ! Bref, bicycles et tricyles se débitent présentement par milliers dans toutes les capitales. Des Sociétés se sont formés au delà de la Manche qui comptent jusqu'à vingt-cinq mille souscripteurs ! Des touristes, comme M. Raby, dévorent en cinq jours et dix heures les 1,100 kilomètres qui séparent Pau de Calais. D'autres vélocemen visitent, à califourchon sur leur appareil, l'Italie, la Suisse, l'Allemagne, escaladent les monts et sillonnent les vallées. Des journaux spéciaux enregistrent et publient la durée et les épisodes de leur voyage !

Des cercles particuliers ont été institués partout : le *Cyclist-Club* de Londres remet à ses adhérents une plaque d'argent qui leur ouvre d'autorité plus de deux mille hôtels et auberges, dans lesquels, en temps de presse, M. de Rothschild lui-même ne serait pas accueilli. Ce n'est pas tout : la société du *Cyclist* a des consuls généraux et des vices-consuls dans l'Europe entière... Le chargé d'affaires vélocipédiennes de France, M. de Baroncelli, a plus de travail que les chanceliers de certaines puissances ! Le veloceman de grand trajet qui débarque à Douvres reçoit, par ses soins, une carte routière et un guide, grâce auxquels son tricycle traversera la France, sans encombres, passant par les villes curieuses, les sites pittoresques et les chemins les moins difficultueux. Le guide et la carte sont l'œuvre de M. de Baroncelli. Avec ses itinéraires, ses indications de parcours et ses pointages kilométriques, il représente un travail de bénédictin que le profane lui-même feuillette avec intérêt. Je l'ai lu, à cheval sur une chaise — en faisant aller mes jambes — pour me donner l'illusion d'un sport que j'ai très sobrement pratiqué.

Je dis *très sobrement*. Voici pourquoi. Enclin par goût à tous les exercices physiques, j'ai, jadis, tâté du vélocipède comme de la natation, de l'escrime, de l'équitation, du billard, etc. Mais soit que les dieux désirassent éprouver ma persévérance, soit qu'ils voulussent me dégoûter à jamais des joies du bicycle, mes premières tentatives furent malheureuses. Je fis deux chutes de genre varié : la première, face, où je laissai la peau de mon nez ; la seconde, pile, où je perdis la faculté de m'asseoir pendant huit jours. Mon naturel, facile au découragement, conçut pour le véhicule qui m'avait trahi une aversion qu'il ne put surmonter depuis... Un été, pourtant, je pris quelquefois place dans un tricycle à deux stalles, propriété d'un compagnon de piscine à Aix-les-Bains. Nous faisions des excursions durant lesquelles j'imprimais à mes tibias des mouvements illusoires et platoniques — laissant mon compagnon peser de toutes ses forces sur les pédales, en sorte qu'il me disait souvent:

— C'est curieux comme vous êtes lourd étant aussi mince !

Il ne soupçonnait pas la perfide comédie de mes jambes. Je débarquais frais et dispos dans les restaurants, tandis qu'il s'affalait sur un siège en s'épongeant le front. A peine je daignais remiser notre coursier de fer et réparer ses forces — non pas avec de l'avoine — mais en insinuant un peu d'huile dans ses jointures.

J'avoue que le remords de m'être ainsi fait traîner, durant toute une saison, m'a longtemps hanté la cervelle, mais le médecin du trycicliste m'ayant confié que cet exercice lui était très salutaire et le préservait d'un vice rhumatismal localisé sous ses rotules, je me sentis l'âme libérée d'un gros poids. Du reste, mon ami balnéaire s'étant marié, depuis, avec une jeune fille très replète, j'imagine qu'il a dû (j'espère qu'il doit encore) lui faire voir du pays. Je suppose, en outre, que la dame ne déploie pas plus d'efforts que moi — si bien qu'au charme de la compagnie près — il a autant et plus de mal aujourd'hui qu'il s'en donnait pour me conduire à Marlioz, au Bourget, à Chambéry et dans les cités voisines de la ville aux eaux chaudes.

Il ne faudrait pas croire que les meilleurs et les plus rapides instruments sont ceux qui sont munis de roues à grands rayons. Un petit vélocipède bien actionné fait autant de chemin qu'un autre. Il importe avant tout que son ressort médian soit doux, que sa selle soit moelleuse et que ses manivelles fonctionnent facilement et sans efforts. Si le cavalier est obligé de lutter contre des contacts métalliques mal lubréfiés, si le frein n'est pas docile, si un défaut quelconque d'ajustage engendre des mouvements inégaux — adieu la vitesse et adieu le plaisir ! Imaginez que vous valsez avec un caillou dans un escarpin... La fâcheuse ampoule n'est pas loin et la danse est interrompue !

Les types de vélocipèdes varient à l'infini. Celui-là a des roues gigantesques, celui-ci repose sur des jantes minuscules. L'un présente, aux pieds, des patins de surface exiguë. L'autre se distingue par des étriers volumineux, semblables à ceux des selles arabes. La chaîne qui, dans les tricycles, transmet son mouvement à la troisième roue, joue un rôle important suivant qu'elle s'adapte plus ou moins correctement à son engrenage central.

Londres et New-York sont réputés pour leurs manufactures, d'où sortent des appareils qui valent jusqu'à six et sept cents francs. On conçoit qu'un tel engin impose des soins assidus.

Le moindre heurt peut fausser une de ses pièces et entraver la régularité de sa marche. Aussi ne saurait-on recommander trop de précautions aux touristes qui chargent leur véhicule sur des fiacres ou les confient aux fourgons des trains. L'excursionniste scrupuleux doit à son vélocipède la même surveillance qu'un écuyer à son dada. Il opèrera lui-même son emmagasinage dans les hangars, car les garçons d'hôtellerie ne se doutent guère des délicatesses que nécessite son maniement... Interdire aux roues tout mouvement en les immobilisant avec un lien cadenassé est une mesure excellente pour décourager les profanes qui se permettent d'essayer l'appareil, tandis que son propriétaire se repose ou déjeune, attablé chez le traiteur de la localité.

En notre beau pays de France, où tous les sports sont de pratique et d'essence aristocratiques, le vélocipède ne jouit pas encore de la plus haute considération. Je veux dire que parmi ses pratiquants nous ne constatons pas, en majorité, les seigneurs titrés qui composent la phalange des fanatiques du cheval, du fusil de chasse, du lawn-tennis, de la paume et du yacht. Pourquoi différons-nous des Anglais sur ce point? Je l'ignore, mais cela est ainsi. Offrez le trône d'Araucanie à un habitué de l'allée des Poteaux à la condition qu'il troque, un matin, son pur sang contre un vélocipède, il refusera cette couronne — pourtant bien tentante! On m'objectera que le vélocipède ne sied qu'aux très jeunes gens, qu'un homme mûr est ridicule en agitant ses fémurs entre deux circonférences en nickel.

Je prétends que c'est une affaire de mode et de convention. Que la fleur des pois moderne adopte le bicycle et le tricycle : l'avenue du Bois de Boulogne sera trop étroite pour en contenir la masse... Mais elle est loin la matinée où nous assisterons à ce spectacle, et je crains que le vélocipède soit, pendant quelque temps encore, le carrosse favori des marchands d'encre et des livreurs de chaussures à 12 fr. 50 (prix unique).

XIV

COURSES A PIED

Nous sommes aux Tuileries...

Le théâtre représente une terrasse surélevée au bord de la Seine. Son sol — balayé avec un tel soin qu'on y verrait, à cent mètres, un bouton tombé d'une culotte trop serrée — est abrité des rayons du soleil par une double rangée d'arbres taillés en charmille. L'endroit où l'action va se dérouler est garanti des envahissements du public par une simple corde. Ne peuvent franchir cette corde que les membres de l'entreprise, les acteurs et les invités de marque — représentant, là, les seigneurs qui, sous le roi Louis XV, assistaient à la représentation sur la scène. D'autres spectateurs, narguant l'œil policier du garde, sont perchés dans les branches des tilleuls : ce sont les ramiers des Tuileries — oiseaux familiers, cousins des pigeons de Saint-Marc, à Venise, assurés comme eux de ne point mourir flanqués de petits pois et prolégés, comme eux, par une sympathie légendaire contre toute méchanceté. A l'extrémité Nord, en face le hall de l'Orangerie, deux petites tentes servent de loges aux artistes : c'est sous leur toile qu'ils endossent leur sommaire costume : souliers de bains de mer, culotte blanche, jersey de laine bleu foncé, écharpes distinctives et toquet de sport.

Ajoutons que la chaleur est supportable ; le fleuve envoie de temps en temps des bouffées de fraîcheur. La solennité est organisée par le *Stade Français*, — société semblable au *Racing-Club* du Bois de Boulogne. Même but, même exercices. Le Stade, dont le siège social est 27, rue de Penthièvre, opère plus près du centre, voilà toute la différence ; car aux Tuileries, de même qu'au Bois, il s'agit de jeunes gens mus par l'ingénieuse et hygiénique idée de développer leurs muscles et leurs poumons au moyen de luttes de vitesse avec prix, réglementation, cotisation et tout ce qu'il faut pour donner du cœur aux jambes.

L'invitation du Comité du Stade Français à comparaître à la réunion que je vais d'écrire est venue à point pour m'édifier sur la nature, le fonctionnement et le personnel de ces réjouissances athlétiques. Elles ne présentent aucun danger et sont si propres aux développements physiologiques de l'adolescent que je ne saurais trop engager mes amis et les amis de mes amis à incorporer leurs rejetons dans cette aimable confrérie.

Et d'abord, ce qui m'a frappé, c'est l'absolue distinction de ces jeunes gens appartenant tous à d'excellentes familles.

— Nous nous sommes connus au collège ou dans des institutions préparatoires, me disait l'un des membres les plus actifs du Stade, et c'est entre un thème latin et une version grecque que nous avons jeté les bases de notre association : de cette façon, nous ne nous sommes point perdus de vue. Parmi nous, les uns étudient la médecine, les autres le droit, ceux-ci sont dans la finance, ceux-là dans l'industrie ; mais tous sont libres le dimanche matin, et nous nous retrouvons ici en plein air. Cela vaut mieux que « les dîners de Labadens » dans un cabinet de restaurant où l'on respire mal et où l'on commet forcément des excès de nourriture et de boisson.

Or, le sage qui me parlait ainsi n'a pas vingt ans ! Il est carabin, externe à l'hôpital Bichat, et donne les meilleures espérances à ses parents, chez lesquels il vit en dehors du temps qu'il consacre à ses études et aux plus louables distractions. Si ce gaillard-là n'est point plus tard hygiéniste avant tout, j'en serai bien surpris.

Ses collègues, issus comme lui de milieux honnêtes et respectables, ont une apparence de vigueur et de bonne humeur, un œil éveillé et un geste vif qui semblent faire partie de la tenue réglementaire. Ils ont les mêmes mollets, débordants en une masse ronde et bistrée d'une chaussette de soie, et les mêmes biceps affirmant la solidité de leurs coups de poing — le jour où quelqu'un s'aviserait de leur chercher noise.

Leurs mères ne manquent pas d'assister à leurs exploits — généralement terminés pour la messe d'onze heures — et avec elles, des amis, voire des jeunes filles charmantes, des fiancées peut-être qui se disent tout bas :

— J'aurai un mari coureur... dans la bonne acception du mot.

Aussi faut-il voir l'émotion que produisent les chutes — généralement sans importance — des champions engagés dans les épreuves. Les flacons de sels anglais, les fioles d'arnica et les rouleaux de taffetas d'Angleterre sortent comme par enchantement de toutes les poches... Et les blessés, dont ces alarmes et ces soins chatouillent agréablement l'amour-propre, exagèrent leur douleur d'un instant et leur boiterie passagère pour que mesdemoiselles Marie, Lucie, Caroline ou Laure prolongent leurs tendres pansements... Plus tard, quand ils les auront épousées en justes noces, ces enfants gâtés s'en iront galoper dans les stades de la fantaisie et rentreront au domicile conjugal las de fatigues réprouvées et couronnés par des chutes plus graves... Et de même que sur la terrasse de l'Orangerie, Marie, Lucie, Caroline et Laure — ne soupçonnant pas d'abord l'infidélité du volage conjoint — effileront de la charpie et mouilleront des compresses de leurs doigts secourables... Tant il est vrai que la femme nous vaincra presque toujours sur le terrain de l'indulgence et de la foi jurée !

Les courses à pied — connues du plus grand nombre par les solennités de l'Hippodrome — exigent un entraînement spécial plus compliqué qu'on ne l'imagine. Il ne suffit pas de se vêtir légèrement et de jouer des jambes avec précipitation. Le rôle des poumons et l'harmonie des organes mis à contribution doivent être réglés méthodiquement et progressivement avant que le lutteur entre dans la carrière. Faute de quoi, il tombe pantelant et sans forces, après cinquante mètres parcourus. Le succès dans ce genre de sport dépend aussi des conditions dans lesquelles s'effectue le départ.

La meilleure position est le pied gauche sur la ligne ; sur ce pied tout le poids du corps doit reposer. Le pied droit, à 30 ou 40 centimètres de l'autre, ne doit servir qu'à maintenir l'équilibre.

Il ne faut jamais pencher le corps en le courbant en deux — les pieds trop écartés comme nous l'avons vu souvent — car il y a perte de temps à ramener le corps dans sa position naturelle. La tête doit être en ligne avec le pied gauche, le bras gauche projeté en avant, parallèle avec la cuisse gauche, le bras droit en arrière le long du corps. Au signal du départ, le coureur ne saurait partir trop vite, faisant deux ou trois petits pas en avant, et, par un mouvement d'épaules de gauche à droite, se donner l'élan afin de bien prendre l'allure.

Une fois parti, le coureur devra tenir les yeux fixés sur le but, courant aussi vite que ses muscles et sa respiration le lui permettent, sans modifier son allure, *sans tourner la tête, sans se préoccuper des autres.*

Car mille incidents surviennent qui lui feront peut-être prendre l'avance. Tel touche au but, qui tombe au dernier obstacle et perd un prix presque assuré.

Pour se préparer aux courses de vitesse, il n'est pas nécessaire de se livrer aux sudations, à moins d'être très gros. Le poids n'est pas préjudiciable à la vitesse : presque tous les coureurs anglais atteignent près de 70 kilos : plusieurs sont plus lents au départ que ceux qui sont moins lourds, mais, une fois actionnés, le poids les entraîne et ils rattrapent bien vite le temps perdu.

Pour les courses de fond — j'entends celles d'un parcours supérieur à 1,500 mètres — l'entraînement est long et sévère. Les frictions au gant de crin, les transpirations artificielles, la sobriété dans l'alimentation et des essais de vitesse préparatoire sont indispensables. Quand l'épreuve est compliquée de haies à sauter, le *racing-man* fera bien de se rappeler les conseils de M. de Saint-Clair — un maître compétent auquel je laisse la parole : « Le meilleur mode de franchir les obstacles est de les prendre dans l'allure, c'est-à-dire sans s'arrêter ni changer de pied. Trois enjambées entre chaque haie, la quatrième servant à franchir l'obstacle, voilà ce que le coureur doit s'exercer à faire. En franchissant la haie, la jambe de derrière sera repliée sur elle-même, tandis que la jambe de devant sera tendue pour retomber avec souplesse, prête à reprendre l'allure aussitôt touché terre. Ne faites jamais une série de petits pas avant de bondir ; sautez franchement — juste assez à temps pour raser l'obstacle. »

Dans les réunions des Tuileries, s'agitent et crient comme à Longchamps les parieurs échelonnés le long du parcours, encourageant leurs champions et appuyant les inévitables réclamations si fréquentes après les *matches*.

— J'ai été bousculé par X... réclame l'un — sans quoi je gagnais « d'une poitrine ».

— C'est Z... qui, en me barrant la route avec ses coudes, m'a empêché d'arriver premier...

Et autres doléances.

Ce sont aussi les clameurs joyeuses des gagnants ou plutôt des tenants du vainqueur.

—M...en touchant le but me fait encaisser cent sous, s'écrie un parieur de douze ans... Qu'elle chance ! je vais payer mes dettes criardes !

—Si B... *qui est de mon écurie*, ne s'était pas laissé battre dans le prix de la Presse, ça me faisait dix francs : j'étais au-dessus de mes affaires !

Ces réflexions attestent que les enjeux sont modestes sur la terrasse des Tuileries, et que ce n'est point au Stade français que les fils de famille s'exposeront aux rigueurs d'un Conseil judiciaire !

XV

LES BRACONNIERS D'EAU DOUCE.
VICTOR EMMANUEL EN CONTRAVENTION.
CHANSON DE PÊCHEURS.

A chaque fermeture de pêche, on ne manque pas d'agiter longuement une grave question... celle de la conversation du poisson.

Le gouvernement français, tutélaire et... galant, a, depuis un siècle, pris un arrêté qui, par un article unique, prépare la propagation des espèces et assure aux femelles une parturition tranquille. Il défend, durant deux mois, à partir du 15 avril, de plonger dans les cours d'eau le moindre appât — mesure qui démontre que les poissons ont l'estomac plus sensible que le cœur. L'espèce humaine leur est, en ceci, supérieure. Placez sous le nez d'un homme et d'une femme possédés d'amour, des truffes, du champagne, du foie gras et des pralines, vous les verrez tourner la tête et rester froids. Jetez une boulette de mie de pain à portée d'une carpe à laquelle un carpillon conte fleurette, elle préférera la boulette aux déclarations du soupirant qui roulera en vain des yeux de merlan frit et joindra inutilement ses nageoires dans un geste suppliant. Les préfets ont donc, jusqu'à un certain point, raison d'inviter les « chevaliers de la gaule » et les « princes de l'embûche » à rengaîner hameçons et filets jusqu'à l'époque où le frai fécondé peuple les fleuves et les rivières de jolis petits malacoptérigiens qui deviendront grands — si Dieu leur prête vie !

Aussi, je considère comme un destructeur de la pire espèce l'individu méprisant la loi, trompant la surveillance des gardes et spéculant sur la gloutonnerie des « brochettes » et des « goujonnes » pour s'en emparer et les plonger dans l'huile bouillante. Un poisson de plus ou de moins n'a pas d'importance, mais les innombrables œufs que ses flancs contiennent et qu'on stérilise en les soustrayant à l'intervention prolifique du mâle, voilà qui est grave — pour ne pas dire criminel. Si j'étais jamais consulté sur le châtiment mérité par les braconniers d'eau douce, j'opinerais pour celui-ci : 1° *additionner les œufs des femelles capturées;* 2° *faire payer au coupable, chacun de ces œufs, un centime.* Apprenez que l'on a compté jusqu'à trois millions d'œufs dans le ventre d'une carpe, et vous comprendrez les rigueurs de ma répression !

A l'heure présente, le pêcheur réfractaire s'en tire pour quelques écus et la saisie d'accessoires qui coûtent bon marché. C'est trop de clémence ! Et il est déplorable que l'État n'attache pas à la conservation du poisson le même prix qu'à celle du gibier. Grâce à cette faiblesse, des espèces qui pulluleraient sont devenues d'une extrême rareté, et nos court-bouillons en sont réduits à une clientèle très peu variée... L'écrevisse (qu'on m'excusera de classer parmi les poissons) a presque totalement disparu des trous de nos berges. Il y a douze ans, j'en prenais jusqu'à cent dans une matinée, en cet endroit merveilleux nommé Les Plâtreries — où l'on trouve, réunis la Seine et la forêt de Fontainebleau, avec leurs jouissances hygiéniques et sportives. Aujourd'hui, quand j'en amène une dans mes balances, je me considère comme favorisé par les dieux. Eh! mon Dieu, je suis aussi répréhensible que les autres. Si j'avais eu, jadis, la précaution de rejeter dans l'eau les « mères » portant, sous la queue, des agglomérations d'œufs innombrables — espoir des bisques futures — et si surtout j'avais obtenu le même sacrifice de mes confrères, nous ne serions point obligés — quand nous voulons enrichir nos menus d'un « buisson » — d'aller acheter, à prix d'or, aux Halles, des crustacés de provenance suisse ou allemande!

Un détail à ce sujet.

C'est la sagesse des maires helvétiques qui a sauvé leurs districts de la pénurie que nous subissons. Dès qu'ils voient baisser sensiblement la récolte des torrents et des ruisseaux, ils s'empressent de défendre qu'on y pêche pendant des années. Et ils appliquent cette ordonnance à tous les animaux sauvages. Je sais des contrées —en Engadine et dans les Grisons — où la chasse du chamois est supprimée depuis des temps déjà lointains. L'autorité attend pour la rétablir que les chamois se montrent de nouveau en quantité appréciable...

On parle encore, en Savoie, d'un procès-verbal dressé au roi Victor-Emmanuel qui venait, par mégarde, d'abattre une « chamoise » galopant à portée de sa carabine. Nul n'ignore que ce prince avait le fusil pareil à son tempérament, — je veux dire un peu ardent. Il laissa instrumenter le fonctionnaire qui l'avait surpris en flagrant délit, et lorsque celui-ci lui demanda « ses noms et qualités », il répondit : « Victor-Emmanuel, roi d'Italie », aussi simplement que s'il s'était appelé Jacquot ou Durand — bonnetier en détail !

Le garde, confus, se jeta à ses pieds en implorant son pardon. « Relève-toi, mon brave, s'écria le monarque, et procède selon ta conscience. La balle d'un roi est aussi pernicieuse que celle d'un contrebandier... Seulement, je crois inutile de paraître devant le tribunal du canton, et préférable de régler l'affaire immédiatement. Voici cinq cents francs pour la contravention, cinq cents francs pour mon fusil — que je te prie de me laisser — et cinq cents francs pour te récompenser d'avoir fait ton devoir. » Et se tournant vers les officiers de sa suite, il ajouta : « Ma chèvre, messieurs, vous semble un peu cher, hein? mais supposez que je l'aie épargnée, elle mettait bas deux faons qui, l'an prochain, en faisaient quatre, qui, l'année d'après, en avaient huit, qui, l'année suivante, en reproduisaient seize... Un mathématicien vous prouverait que j'ai privé « l'avenir » de six cents chamois, lesquels — valant chacun vingt écus en moyenne — représentent une somme de trente mille francs ! Donc, en bonne justice, mes quinze cents francs constituent une réparation dérisoire, comparée au dommage que j'ai occasionné ! »

— Mais revenons à la pêche...

Les pêcheurs avisés profitent tous de la fermeture pour s'outiller convenablement et reconstituer leur matériel hors d'usage. Rien n'est plus fragile, en effet, que les lignes et les filets. Un verveux et un épervier qui ont « travaillé » dix mois ne valent plus rien. Les nasses elles-mêmes, — dont l'osier est plus résistant que le chanvre goudronné des *giles* et des *sennes*, — sont bonnes à jeter après un an de service. Et encore ces engins ne résistent-ils point toute une saison dans les mains des paresseux qui négligent de les débarrasser, avec une brosse, du limon déposé sur leurs mailles par le courant. La vase a une action corrosive qui altère la solidité du fil, en sorte que, d'un coup de tête, le brochet captif le brise et s'en va, tout frétillant, raconter son évasion à ses camarades.

L'anguille, elle, s'échappe de sa prison sans bris

de clôture. Elle engage son museau dans une maille et se met à jouer des reins sans relâche jusqu'à ce qu'elle l'ait élargie au point d'y passer le corps. Un bourrelet de la glu — sécrétée par sa peau — reste adhérente à l'orifice de l'issue et trahit ses efforts et leur succès.

J'ai eu pour « compagnon » (titre des aides-pêcheurs) un nommé Laurent qui vit encore. C'était un garçon brave et laborieux, connaissant sa rivière à fond et vous disant à l'inspection des herbes, ondulant comme des chevelures dans le sens du courant : « Un gros monsieur passe ici. » Il immergeait un piège en cet endroit et le « gros monsieur » était appréhendé dans la huitaine franche. Si la proie convoitée avait abusé de sa vigueur en déchirant le filet ; Laurent donnait les signes d'un véritable désespoir ; il jetait ses sabots dans l'eau et s'affalait sur le banc du bateau en versant de vraies larmes. Seument, comme Laurent était un esprit judicieux, il courait incontinent à l'auberge la plus proche et réparait ses pertes lacrymales en avalant force petits verres. Attendri par les libations, il pleurait davantage et « réparait » de plus belle — jusqu'à ce que, tombant de fatigue, il allât s'endormir sur le fourrage parfumé de la grange au foin.

Mon « compagnon » jouissait des aptitudes d'un observateur de premier ordre. Il avait, dès sa plus tendre enfance, pratiqué son art dans la haute Seine — depuis Melun jusqu'à Montereau — et avait remarqué que les nasses bien *prenantes* étaient celles qui sont fabriquées dans le pays, avec de l'osier du pays. C'est pourquoi il m'accueillit d'un air gouailleur le jour où j'arrivai de Paris porteur de nasses achetées quai de la Mégisserie : « Ça, me dit-il, c'est bon pour enfermer des poulets ! »

Les verveux se tendent l'après-midi et séjournent dans l'eau — la nuit, la journée et l'autre nuit suivantes. L'absence de lune favorise l'opération, car le poisson, ne voyant pas l'arceau du premier goulet, s'engage dans l'appareil, et s'il a franchi la première chambre, il est définitivement pris. Le meilleur moment pour lever les verveux est le lever du jour... Je me faisais bien un peu tirer l'oreille quand l'inflexible Laurent venait m'arracher au sommeil à quatre heures du matin ; mais comme j'étais récompensé par l'aspect mélancolique de la campagne endormie et la vue du fleuve à la surface duquel traînaient des buées blanches — présage d'une journée chaude et ensoleillée !

La fauvette des roseaux, criant sa chanson dans les herbes de la rive, troublait uniquement le silence de la nature, et le vol rapide des martins-pêcheurs animait seul l'immobilité mystérieuses des choses. Nous saisissions, un à un, les joncs flottants dont l'extrémité était nouée aux verveux que nous tirions doucement jusqu'au bord de l'embarcation. A de certains chocs — déterminés par le prisonnier tâchant de déchirer sa cellule — nous sentions d'avance l'importance de nos captures... Les vieilles brêmes sont celles qui impriment à l'appareil les secousses les plus violentes... En cas pareil, le cœur bat bien fort, et l'on se demande si l'on n'a pas pincé une baleine !

C'est Laurent qui m'apprit à jeter l'épervier — opération dans laquelle on n'excelle qu'après des années de pratique constante. Le tort des professeurs vulgaires est de donner leurs premières leçons sur l'eau. On doit débuter sur l'herbe : c'est seulement quand on est arrivé à bien arrondir son filet *à sec* qu'on peut aborder la « lancée » en rivière. Laurent maniait un épervier deux fois plus grand que les éperviers ordinaires et pourtant il couvrait invariablement une surface mathématiquement circulaire. Je lui a-vu prendre jusqu'à 500 goujons d'un coup, et tandis qu'il vidait les bourses, littéralement gorgées de butin, il fredonnait des romances de sa composition :

> Venez, venez, gentils goujons,
> Gais ornements de la nature,
> Dans l'huile faire un p't't plongeon,
> C'est le destin de la friture !

Ses rimes étaient encore plus riches que ces mélodies — monotones et traînantes — confinées dans les tons mineurs. Sa complainte du « brochet » contient des strophes naïves que mon oreille a retenues. Ça ne vaut point du Pindare, mais c'est plus amusant :

> Le bougre avait un gros museau
> Qu'il sortait parfois hors de l'eau,
> Les soirs qu'il allait fair' d'l'orage,
> Il happait grenouille et têtard !

> Un jour il a pris un canard
> Dans les environs du barrage.

La stance du *brochet pigé* se recommande par son allure à la fois triomphante et culinaire :

> Mais Laurent est un fier lapin
> Qui prend les brochets les plus fins....,
> Tu l'sais, mon vieux, puisque dimanche
> Je t'ai pincé dans mon verveux
> Et t'ai fait cuire à petit feu.
> Pour te manger à la sauc'blanche.

Le cerveau de Laurent fut longtemps hanté par une idée commerciale et saugrenue à laquelle j'eus le tort de prêter mon concours et mes capitaux. Comme l'ablette surabondait dans nos parages, il me suggéra qu'il y avait une fortune à faire en la préparant à la façon des sardines bretonnes, et en la vendant — en boîtes — aux épiciers de la capitale. J'écrivis à Nantes d'où l'on m'envoya une recette excellente. Et puis j'enrôlai un ferblantier qui enferma nos victimes, convenablement baignées d'huile d'olive, dans des récipients de zinc d'un éclat plus vif que l'argent.

Un restaurateur consentit à « éditer » mes premières boîtes, mais il me découragea vite par un télégramme dont les termes sont encore présents à ma mémoire : « Sardines trouvées détestables : plu« sieurs clients se sont cassés les dents sur la sou« dure coulée à l'intérieur. »

Ainsi finit la grrrrrrande exploitation des sardines des Plâtreries !... Ce dénouement eut du moins l'avantage de me faire renoncer pour jamais au commerce des conserves et rentrer dans le giron de la littérature.

XVI

PLUS DE NOYÉS. — LES VOLEURS DE YACHT. — LES PEINTRES D'ANIMAUX.

Tous les yachtmen et tous les nageurs ont le souvenir de catastrophes qui ne leur inspirent aucun surcroît de prudence et n'arrêtent point la folie de leurs gageures. La science est là qui, par bonheur, vient à leur secours.

D'après un intéressant entretien que j'ai eu avec mon ami le docteur Fauvel, il est démontré que si le sang ne s'est pas coagulé dans les veines d'un noyé, ce noyé peut être rappelé à la vie quand bien même il serait resté une grande heure sous l'eau. Jusqu'alors, on s'était borné à des frictions, — rarement efficaces. Aujourd'hui, avec l'électricité qui fait battre artificiellement les cœurs qui ne battent plus, on rétablit peu à peu la circulation suspendue, et l'on assiste positivement à la résurrection des trépassés. Il suffit d'enfoncer une grande aiguille de métal, réduite à un calibre capillaire, dans le thorax des asphyxiés jusqu'à ce que la pointe touche leur cœur. On met cette aiguille en relation avec les électrodes d'une pile, et, sous l'influence du courant, le cœur recommence à fonctionner — faiblement d'abord, énergiquement ensuite. Les poussées du viscère finissent par rétablir le cours du rouge liquide dans les vaisseaux et les morts reviennent à la vie.

Que de regrets rétrospectifs inspirent cette découverte! Combien de malheureux ont péri qui seraient encore à cette heure aussi bien portants que vous et moi.

Il importe donc que dans tous les postes de secours, dans toutes les maisons situées sur la berge des rivières et à bord de toutes les embarcations, il y ait un appareil électrique muni de son aiguille et de son fil conducteur. L'État et les municipalités manqueraient au plus sacré des devoirs en ne prenant pas des mesures immédiates. Tous les fabricants d'instruments de physique et de chirurgie vendent aujourd'hui des boîtes minuscules qui contiennent des bobines puissantes. Ils en pourraient au besoin construire de plus petites encore, spécialement réservées au sauvetage des asphyxiés et dont le prix, accessible à toutes les bourses, permettrait d'en multiplier et d'en vulgariser l'usage. Quoi qu'il en soit, je suis ravi de soulever cette grave question.. En touchant à ce sujet, qui n'est point très folâtre — moi qui chante volontiers les joies de la vie en plein air — je révèle qu'elle a de tristes envers contre lesquels il est urgent de se prémunir.

Puisque je suis sur l'eau, j'y reste pour relater un incident « naval » fort étrange, dont la baie de Cannes a été le théâtre. Jusqu'à présent on a vu des filous « faire la montre et le foulard », on n'en a jamais vu « faire le yacht. » Or, M. Bellon, membre du Yacht-Club de France, dormait paisiblement dans sa villa, rêvant aux excursions du lendemain, à bord de son joli bateau l'*Ada* — gréé en côtre, avec mâts de flèche de beaupré, et détachant sur la mer bleue sa coque noire coupée de filets or et rouge — quand deux seigneurs dépenaillés sautèrent sur un canot retenu à la rive, abordèrent l'*Ada* dont ils coupèrent les amarres et gagnèrent le large. Le jour venu on s'aperçut de la disparition de l'embarcation et le télégraphe en avisa incontinent toutes les stations du littoral. Le sémaphore ne tarda pas à signaler un yacht en détresse dans les parages de la Moutte : le garde maritime Matafflot, accompagné du marin Juham se portèrent à son aide à grands coups d'aviron. Sur le pont, ils aperçurent nos deux gentilshommes armés jusqu'aux dents de fusils et de revolvers. Mais les marins n'ont jamais peur. Ils accostèrent bravement. Les pseudo-navigateurs n'opposèrent d'ailleurs aucune résistance : ils avaient passé une mauvaise nuit et avaient reconnu leur impuissance à gouverner leur capture.

Matafflot et Juham conduisirent leur prise dans le

port de Saint-Troppez où la gendarmerie procéda à l'arrestation des deux excursionnistes, qui prétendirent n'avoir vogué que pour faire une partie de pêche. Malheureusement pour eux, on les a trouvés munis de trousseaux de fausses clefs et de bibelots soustraits dans les cabines... C'est ainsi que M. Bellon rentra en possession de son bien.

Il ne faudrait pas conclure de ce « fait divers » que les méditerranées et les océans ont le monopole de pareilles aventures. Les fleuves sont fréquemment témoins de ces rapts dont sont victimes les propriétaires qui oublient d'immobiliser — avec des cadenas — leurs canots de pêche ou de plaisance. La discrétion n'est point la qualité dominante de certains promeneurs qui flânent le long des berges. Pour eux, il est tout naturel de sauter dans une barque libre et de traverser l'eau, quitte à abandonner, sur l'autre rive, le bateau dont ils ont disposé comme d'un objet public. Certains trouvent même fort drôle de le repousser, en plein courant, et le canot descend la rivière à la grâce de Dieu. Il n'est pas rare qu'il se brise dans un barrage ou contre les piles d'un pont.

C'est ainsi que j'ai retrouvé à Bercy une yole à moi, disparue de mon garage de Valvins (soit quarante kilomètres au-dessous de son port d'attache). et qu'il me fallut payer une forte somme pour la ravoir. Depuis ce jour mémorable, tous les bâtiments de mon escadre (composée d'une boutique à poissons et d'un vulgaire bachot) sont chargés de chaînes pourvues de serrures à secret. Je prends surtout la précaution de ne laisser aucune rame, aucune écoppe, aucune gaffe dans mes « esquifs ». Ces ustensiles ont le don d'inciter les gens indélicats à sauter dedans pour y barbotter sur place, — quand ils ne peuvent s'offrir l'agrément de quelques bordées.

Et c'est alors des avaries sérieuses : — des bancs brisés, des planchers troués, des gouvernails perdus, des peintures à recommencer, etc., etc.

Il n'y a pas à compter sur les gardes-pêche pour la police des berges. Ils réservent leurs sévérités au malheureux qui a un plomb de trop à sa ligne — l'estimant plus criminel que le dévastateur du bien d'autrui. Quant à ceux qui violent les fermetures des réservoirs flottants et s'emparent des brochets et des anguilles du prochain, ils opèrent généralement la nuit — alors que le garde susdit dort à poings fermés. Il m'est advenu de trouver mon vivier ainsi dévalisé plusieurs fois. J'avais beau l'amarrer au milieu de la Seine, les amateurs de *mes* matelotes parvenaient toujours à s'en approprier le personnel. Il me vint heureusement l'idée de pratiquer une entaille aux ouïes de mes poissons, et c'est en reconnaissant, à cette marque, mon bien étalé chez une revendeuse de la ville voisine, que je provoquai une enquête — couronnée par l'arrestation de mes voleurs.

Je ne suis pas critique d'art, et pourtant ne vous semble-t-il pas que les peintres d'animaux vivant en plein air m'appartiennent de droit?

M. Olivier de Penne qui s'est distingué, dans une récente exposition, avec le portrait de deux pointers appartenant au chenil de M. Paul Caillard, et avec son équipage Ephrussi, sur la voie du cerf en forêt de Fontainebleau, n'est-il point mon justiciable? De Penne sait si bien donner la vie à ses personnages qu'on raconte, à Marlotte — centre de ses opérations — qu'un chien, s'étant introduit dans son atelier et ayant aperçu sur un chevalet, l'image à l'huile d'une chienne vue de face, fit le tour de la toile dans l'espoir de flairer sa camarade... de l'autre côté.

Et les chevaux de John Lewis-Brown ! En voilà qui piaffent, trottent et galopent — sous des cavaliers anciens et modernes — avec une grâce parfaite ! Le charme des horizons et les séductions de la couleur ajoutent encore aux enchantements de ces scènes équestres. Il n'est pas jusqu'à la position des écuyers en selle qui ne vale une leçon de manège ; si les sujets étaient traités « grandeur nature », on n'oserait en approcher — crainte des ruades !

Les scènes du *high-life* de M. Claude nous reportent, avec leur fidélité, leur élégance et leur savante disposition, à la vie de château et aux sports familiers de la villégiature... Les contempler, c'est faire un déplacement dans les castels les plus co-purchics de Touraine ou de Normandie... Et l'on est exempt des pourboires du départ aux domestiques !

Comme je considérais le « perroquet en dispute chez un cardinal », de Vibert, un peintre malicieux, me fit observer la perfidie du voisinage de cet oiseau avec le portrait d'un avocat, et m'engagea à signaler ce piquant hasard.

— Le perroquet se chasse en Amérique, me dit-il... Votre prétexte est donc tout trouvé pour tirer de ce rapprochement les déductions les plus spirituelles...

A quoi j'opposai que je ne chronique pas dans un pays où l'ara et le cacatoès s'offrent au plomb des fils de saint Hubert. J'avouai pourtant qu'une fois, en 1883, je mis en joue, dans la forêt de Saint-Germain, une perruche perchée sur un chêne. J'allais tirer sur cette évadée de quelque cage des environs, quand elle entonna le refrain du *Beau Nicolas* — chanson très répandue à cette époque ; le fusil me tomba des mains... Avouez qu'il y avait de quoi !

Des chats de Lambert je ne dirai qu'une chose. Il suffit de prendre dans une pièce une des toiles où ce Maître a portraituré un matou pour que les souris désertent l'appartement !

XVII

COMMICES AGRICOLES ET CONCOURS RÉGIONAUX. —
LES BRACONNIERS. — MORT D'UN TUEUR DE TIGRES.
— CONSEILS AUX PÊCHEURS A LA LIGNE.

Elle a son charme, la saison des comices agricoles et des concours régionaux qui mettent en joie tous les chefs-lieux de canton.

On a beau être blasé sur les exhibitions et les réjouissances rurales, lorsque l'on porte au plus profond de soi les appétits et les goûts d'un paysan, on s'y rend toujours avec intérêt. J'ai, dans ma vie, examiné — peut-être mille fois en diverses contrées — des faucheuses à vapeur et des batteuses mécaniques; mille fois j'ai promené mes yeux sur des bêtes à cornes présentées par les éleveurs ; ma narine a, mille fois au moins, perçu les soupirs exhalés par des fromages impatients de recevoir leur récompense... Eh bien ! j'éprouve toujours une joie nouvelle à revoir les mêmes machines, les mêmes vaches et les mêmes fromages — sans oublier les pompiers, les maires et les membres du jury. Je dirai plus : exceptionnellement, en ces circonstances, je ne déteste pas l'aigre musique des fanfares et la brutale sonorité des orphéons. Et s'il faut me révéler tout entier, j'avouerai que, ces jours-là, j'exige le discours d'un agronome sur la patate et le toast d'un préfet à la santé de M. Grévy.

Après ces régals, je me couche l'âme sereine et légère — pour me réveiller quasi purifié des parties de *poker* et des sorbets nocturnes qui, à Paris, m'ont alourdi la tête et empâté la bouche.

Les modernes Babyloniens de Tortoni, qui ne connaissent de l'agriculture que les pommes sautées et de l'élevage que les rumsteaks, ne se doutent guère de l'importance d'un comice champêtre!... J'emmenai dernièrement avec moi, à Meaux, une après-midi de concours, certain de mes confrères qui n'avait jamais assisté à une cérémonie semblable.

Il commença par railler tout ce qu'il vit avec une verve malicieuse et facile... Mais à mesure que je lui donnais sur les gens et les choses des explications sommaires, son persiflage boulevardier se faisait plus indulgent. Nous dînâmes à l'auberge en compagnie de gros fermiers très intelligents qui achevèrent mon œuvre en lui détaillant le but et les résultats de leurs efforts. Au dessert, la conversion de mon camarade était complète. Non seulement il ne « blaguait » plus, mais il était avide de savoir et d'apprendre : l'habitué de l'asphalte s'était épris de « la terre ». Il parlait d'acquérir une métairie, et quand nous nous séparâmes à la gare de l'Est, il avait la bouche débordante de colza, d'engrais et d'emblaves, etc.

Il se passionna tant et si bien pour les questions débattues dans cette mémorable journée qu'il se prit à les étudier à fond : aujourd'hui, il écrit, dans les feuilles spéciales, des articles de trois colonnes où il affirme une indéniable compétence. Si son engouement s'était borné là, je n'aurais aucun reproche à m'adresser ; malheureusement il s'avisa d'acheter, dans la Brie, une certaine quantité d'hectares qu'il voulut faire valoir lui-même. Et il mangea à ce jeu la moitié de son patrimoine. Il faut être « né dans la partie » pour n'y pas mettre du sien. L'agronomie est une science dont la pratique présente des minuties et des difficultés sans nombre.

Celui-là seul les surmonte qui, en dehors d'une pratique assidue et laborieuse, compte non point par francs et par sous, mais par centimes et par fractions de centimes.

Puisque je suis aux champs, j'y reste à seule fin d'appeler l'attention des autorités (gendarmes, gardes champêtres et gardes particuliers) sur les perdreaux qui seraient très abondants, si dès aujourd'hui on surveillait les faits et gestes des braconniers. Les particuliers de leur côté pourraient, s'ils le voulaient, paralyser les agissements des dévastateurs de couverts en ne dédaignant pas de faire la police eux-mêmes. Ils n'ont qu'à dénoncer tout hôtelier qui servira du gibier avant l'ouverture de la chasse. Si l'on ne peut rien contre les braconniers qui ne possèdent rien, il est facile d'atteindre les aubergistes, qui font métier de recéleurs, et le nombre de ceux qui régalent prématurément leurs clients de salmis et de civets volés est assez considérable pour que cette mesure, si elle se généralisait en France, donne aux vrais chasseurs un surcroît de rôtis très appréciable.

Que dans chaque commune les chasseurs se réunissent, forment une société contre le braconnage, préviennent sans tarder tout restaurateur qu'ils dénonceront, quiconque débitera du gibier pendant la fermeture de la chasse, et vous verrez que ceux qui étalent sans vergogne sur les tables d'hôte lièvres, lapins, perdrix et cailles, dès le mois d'août, n'oseront plus se livrer à leur coupable industrie. Ce sera un premier pas vers une vaste association appelée à couvrir tout le pays, et à rendre le braconnage si difficile, que bien peu s'y livreront et que presque tous chercheront à gagner leur pain autrement.

Je réclame, également, un formel arrêté qui interdise au paysan de chasser *en même temps qu'il travaille dans les champs*. On sait que les perdreaux et les lièvres s'approchent sans défiance des laboureurs... Combien en avons-nous vu qui, cachés derrière leurs chevaux et leur charrue, saisissent le fusil qu'ils portent en bandoulière pour fusiller les malheureuses bêtes à quelques mètres de distance !

La destruction qui résulte de ce procédé est préjudiciable — de par son importance — à la conservation et à l'accroissement des espèces. Certes je ne conteste pas aux campagnards le droit de chasse, mais j'entends qu'ils se livrent à ce plaisir, comme tous les citoyens, dans des conditions normales et loyales... Du haut du ciel, sa demeure dernière, saint Hubert doit désapprouver leurs lâches assassinats !

Je reviens aux concours pour dire quelques mots de celui qui a eu lieu à Mortagne (Orne). Sur le champ de courses, d'où l'on découvre des horizons véritablement féeriques, se trouvaient réunis près de 400 chevaux ayant tous des cartes d'origine, remontant à deux générations. C'est le plus grand concours de chevaux de trait que l'on ait jamais vu *en chevaux de même race*. Les chevaux percherons sont considérés comme les meilleures bêtes de trait qui existent. Ce sont eux qui, depuis trente ans, ont remporté les plus hauts prix dans les expositions universelles. Le dernier et immense concours où ils ont paru est celui de Chicago, en Amérique, où l'on a examiné plus de 1,000 chevaux de trait venus de tous les points du globe.

Un cheval percheron — le fameux *Chéri* — a remporté, dans cette ville, le grand prix et la prime d'honneur. La supériorité du cheval percheron a fait de Mortagne le rendez-vous d'un grand nombre d'étrangers — surtout d'Américains — qui ont acheté, ces jours derniers, pour plus d'un million de chevaux dans la localité.

Un fait divers cynégétique.

On m'annonce, de Bombay, la mort de Hormusjee Eduljii Kotwal, le plus célèbre des chasseurs de tigres de l'Inde.

Le nombre des fauves tués par Kotwal dépasse cent, et telle était son adresse que pendant longtemps il n'avait pas reçu, dans ses périlleuses expéditions, le moindre coup de griffe. Il y a quelques semaines, un léopard l'avait surpris et terrassé dans les jungles de Bansda, où ses compatriotes n'ont réussi à le sauver qu'après qu'il eût reçu de terribles blessures. Le médecin du rajah de Bansda lui avait conseillé de se laisser amputer un bras, mais Kotwal n'a pu se résoudre à subir l'opération et il vient de mourir à l'hôpital de Bombay... Le plein air a, comme on voit, ses inconvénients — en Asie!

La chasse de la taupe présente moins de dangers mais non moins de difficultés.

Ceux qui entretiennent dans leurs villas des gazons bien tondus, connaissent les désagréments que leur causent les taupes. Leurs galeries et leurs monticules ne causent aucun dommage réel, mais elles déparent une pièce gazonnée; aussi la taupe est-elle traquée par le jardinier avec plus d'opiniâtreté que de réussite. Il en prendra quelques-unes dans ses pièges, mais il en restera toujours. Un de mes correspondants a essayé dernièrement un moyen fort simple qui a eu un succès complet. Il se sert tout simplement de grains de ricin, et voici comment : après avoir pratiqué une ouverture au-dessus de la taupinière et à chaque bout des galeries, il y laisse tomber une demi-douzaine de fèves de ricin. Toutes les taupes disparaissent. C'est ce qui est arrivé chaque fois que nous en avons fait l'expérience. Pourquoi les taupes s'enfuient-elles et que deviennent-elles? Nous n'en savons rien. Mais l'expérience est si facile à renouveler et si peu coûteuse que chacun peut la tenter... J'explique le phénomène par l'horreur que la taupe doit professer pour les purgatifs!

Je veux finir ce chapitre à bâtons quelque peu rompus, en répondant à un pêcheur à la ligne qui m'a demandé si l'on a le droit de verbaliser contre lui quand il pêche en bateau.

Les autorités fluviales — pas plus que le fermier du canton de pêche où il opère — ne peuvent lui faire un procès s'il n'use point, dans son embarcation, d'engins prohibés par les règlements. Le milieu de la rivière appartient comme ses rives à l'être innoffensif et patient qui se contente de guerroyer contre la friture avec des armes courtoises. Celui qui a la possibilité d'y ancrer une nacelle n'a rien à redouter que les coups de soleil dont le préserveraient les arbres des berges.

Ce point établi, j'observerai à mon correspondant que la pêche du bord est toujours plus fructueuse que celle du large. L'ablette, le gardon, la carpe et presque tous les poissons — hormis les voraces — se complaisent dans les herbes aquatiques qui poussent le long des escarpements et y trouvent en plus grande abondance les vermisseaux dont ils sont friands. En tout cas, je crois, en disant ceci, raisonner plus juste que le naïf preneur de goujons qui me tenait ce propos, dernièrement :

— En été, le poisson qui recherche l'eau fraîche circule aux environs des berges, en vertu de ce principe que la soupe est bien moins chaude au bord de l'assiette que dans son milieu.

XVIII

LA COUPE DES FOINS

La coupe des foins est un spectacle qui vaut bien une églogue de Virgile !

Sa date est généralement le 5 juin ; mais cette date est plutôt d'opportunité que de convention. Il va sans dire que tous ne se croient pas obligés de retarder jusqu'à ce jour fixe l'aiguisage de leurs faux et que beaucoup, dès le milieu du mois de mai, ont déjà tondu leurs prés. Seuls, les gros propriétaires, qui font commerce de fourrages, attendent le moment psychologique pour attaquer leur prairies... J'ai suivi leur exemple en livrant les miennes, lundi dernier, à mon personnel, convoqué à cet effet dès l'aube, pour lui adresser l'allocution obligatoire.

Mes prairies se composent d'une pièce de terre grande comme le square Montholon, et le bataillon de mes faucheurs est représenté par un vieux paysan qui, avec sa longue barbe blanche et son formidable outil, rappelle l'image du Temps dans les plafonds allégiorques. C'est lui qui, tous les ans, se charge de réunir, en une meule imposante, les trois bottes de foin qui constituent ma récolte. Une matinée suffit à l'opération dont je suis les phases avec un intérêt anxieux, car, sans qu'elles en aient l'air, ces trois bottes jouent dans mon économie domestique un rôle capital : elles servent à bourrer mes chaussures de chasse, qu'elles empêchent de se déformer et de se racornir sur la planche où je les relègue jusqu'au matin de l'ouverture,

— Père Agapi — lui ai-je dit, en lui remettant un litre de vin — je ne suis pas de ceux qui ruinent le travailleur des champs en substituant au concours de ses bras celui de la mécanique moderne. Alors que des misanthropes adoptent la faucheuse à vapeur qui rase un hectare dans une heure, je persiste à employer la main du prolétaire qui agit moins vite et moins économiquement, mais qui conserve au paysage ses aspects pittoresques et ses enchantements typiques. Rien ne me révolte davantage que ce chaudron tapageur dont les roues tournent bêtement sur place et transmettent à une bande de cuir un mouvement stupide et monotone. Je trouve que l'herbe, abattue par le couteau de cette guillotine agricole tombe avec moins de grâce, et que la fumée vomie par la houille de son foyer domine et empoisonne les aimables soupirs des gazons odorants. Vous m'objecterez, père Agapi, que je suis « vieux jeu, routinier, anti-progressiste », je vous opposerai que j'ai pour devise « l'Art avant tout » et que si j'épousais les procédés nouveaux j'enlèverais leur principale ressource aux rapins dont la spécialité est de représenter les fenaisons. Le plus besogneux barbouilleur préférerait briser ses pinceaux et mourrait de faim plutôt que de nous montrer, dans le plein air de ses toiles, une locomobile prosaïque alimentée par un chauffeur mâchuré de suie et armé d'une pelle à charbon...

Sans être vaniteux, je m'attendais à voir couronner ma harangue par les compliments et les poignées de main du père Agapi. Mais, soit qu'il fût insensible à mon éloquence, soit qu'il fût altéré par les caresses d'un soleil déjà brûlant, le vieux birbe — les lèvres collées au goulot de son litre — avalait une forte lampée. Il s'essuya la barbe avec la manche de son sarreau et me répondit en branlant la tête :

— Pas mauvais, vot' reginglard !

Sait-on que le meilleur foin de France et de Navarre se récolte dans Seine-et-Marne, à quelques lieues de Paris, aux environs de Serris et de Villeneuve-le-Comte ?... Il en est du fourrage comme des vins qui ont leurs clos d'élite et leurs crus privilégiés. Les chevaux — qui s'y connaissent — affirment la supériorité de certaines provenances par les hommages dont ils honorent telles bottes plutôt que telles autres. Jetez dans leur râtelier celles qui ont été recueillies dans les environs de Versailles, ils les mangeront du bout des dents et d'un air distrait ; si vous leur donnez celles des plaines meldoises ou melodunoises, leur attitude change. Ils deviennent attentifs et semblables à des gourmets appelés à se prononcer sur la valeur d'un aliment ou le bouquet d'une boisson de choix. Ils n'avalent pas : ils dégustent. Pour un peu, ils feraient claquer leur langue à la façon de l'amateur qui goûte un Chambertin authentique ou un Médoc suranné.

Je signale le fait à titre de simple curiosité, car il va de soi que si les chevaux ne voulaient se repaître que de ces herbes délectables, les 3,000,000,000 d'hectares consacrés en France à la culture fourragère, changeraient de destination et l'octroi de Paris — qui prélève six centimes sur chaque botte franchissant ses grilles — ferait de maigres recettes. Or, les cent mille chevaux abrités dans les écuries de notre métropole, ingurgitant une botte de foin en vingt-quatre heures, il s'ensuit un apport quotidien de six mille francs à la caisse municipale !...

Allez au marché de la Chapelle, un vendredi, et considérez les chariots chargés de mille bottes (soit un poids de 10,000 livres !) qui, rangés sur une ligne, attendent les acheteurs en gros : vous apprécierez approximativement l'importance de la pâture nécessaire à la plus belle conquête que les cochers aient jamais faite !

En dépit des dernières sécheresses, le foin sera, cette année, d'une qualité supérieure. Il sera *rond et plein*, comme disent les spécialistes. Un peu plus d'eau du ciel l'eût peut-être rendu aussi abondant qu'en 86, mais c'eût été, d'après l'avis des connaisseurs, au détriment de sa saveur. Le prix moyen de cette saison variera entre 50 et 55 centimes la botte — prix qui serait beaucoup moins élevé sans les tarifs des Compagnies de chemins de fer, dont les transports sont et restent dispendieux, malgré les réclamations et les plaintes des fourragers.

On a imaginé, à cause sans doute du prix des charrois, de comprimer le foin — en sorte qu'on en puisse expédier des quantités considérables sous un volume réduit ; et la coutume en a persisté, encore que ce procédé ait été reconnu nuisible à l'excellence du fourrage. J'ajoute que ces foins, fournis en majeure partie par la Lorraine et la Haute-Saône, ne sont pas de première valeur comme végétal, et que la compression altère encore leur substance... D'où je dégage le souhait de tarifs moins onéreux.

Mes lecteurs comprennent que j'exprime ici des opinions dont je ne suis que l'humble écho. Je ne suis pas cultivateur et ce n'est pas la récolte de mes trois bottes qui est pour me donner de la compétence en cette matière. Aussi, ai-je puisé mes assertions dans des milieux autorisés et je n'en ai point eu à me déplacer — mon pré étant limitrophe de prairies interminables appartenant à d'opulents fermiers.

Je leur dois rendre cette justice qu'ils sont, comme moi, réfractaires à l'emploi des faucheuses mécaniques, mais il me faut consigner aussi que le mobile qui les anime n'est pas le même que le mien.

L'art n'entre qu'en seconde ligne dans leur routine… tandis que la politique, qui se fourre partout, n'y est point étrangère. Le faucheur, le faneur et le botteleur votent, élisent les maires, les conseillers d'arrondissement, les conseillers généraux et les députés ; c'est eux qu'il faut ménager, et non la faucheuse mécanique, car il n'y a pas d'exemple qu'un jour d'élection, une machine à vapeur soit allée déposer un bulletin dans une urne. Quoi qu'il en soit, les plaines de ma région m'ont donné lundi un spectacle enchanteur…

A l'aurore,

> Les prés encor baignés des pleurs de la rosée

ont été envahis par des groupes alertes d'hommes et de femmes qui, tout d'abord, ont commencé par décharger « le chariot » de son matériel spécial : faux, fourches, cruches de grès ventrues remplies de piquette, miches énormes de pain bis, quartiers de lard salé protégé contre les indiscrétions du vent et des mouches par des serviettes de grosse toile — propre et fleurant une bonne odeur de lessive campagnarde.

Et puis les hommes, après avoir ôté leurs blouses et retroussé les manches de leur chemise, se sont immédiatement mis à coucher l'herbe — haute de près d'un mètre — d'un mouvement courbe et régulier analogue à celui des pendules de cuivre dans les horloges. Le tranchant du fer rendait un bruit sec et isochrone — accompagnant comme le battement d'un métronome — le chant du ténor de la bande... Où est-il le temps où ce chant était quelque ballade locale, colorée et touchante, formulée en paroles naïves sur des airs d'une saveur délicieusement primitive ? A cette heure c'est le répertoire des cafés-concerts qui meuble le gosier des ruraux !.. Impossible de vous dire l'impression atroce du *Bout du banc* ou d'*En revenant de la revue* — dégoisé sur le rythme lent et cadencé qu'imposent les volées de la faux. C'est à crier d'horreur !

Fort heureusement nos yeux nous consolaient du supplice de nos oreilles — en contemplant le travail des faneuses. Les plus jeunes vous avaient une allure et des lignes d'un style à tenter le crayon le plus citadin. La femme — qu'elle soit des villes ou des champs — apporte dans les plus rudes exercices une grâce et une souplesse interdites à l'homme. Il fallait voir ces gaillardes retourner de leurs fourches de bois les herbes flétries et séchées en un rien de temps par le vent du Nord ! Vêtues simplement de leurs jupons et le torse uniquement caché par leur chemise serrée au col, elles gardaient, dans les mouvements les plus risqués, l'incognito de leurs formes et la chasteté de leurs attitudes.

A ce sujet, j'ai noté cette particularité que la paysanne, si légèrement habillée qu'elle soit, ne laisse rien deviner de sa plastique. Le corsage est-il riche ? La hanche est-elle millionnaire ? je vous défie de vous prononcer dans la plus grande majorité des cas. Nos belles dames des cités, avec leurs corsets et leurs robes collantes, en montrent beaucoup plus. Il va de soi que j'excepte la fermière énorme et rebondie, dont l'embonpoint a perdu toute pudeur et brave toute revenue dans ses débordements.

Comme elles riaient, les faneuses, quand l'une d'elles, trébuchant du sabot contre une pierre à fleur de sol, tombait et se relevait d'un bond, craignant quelque envolée de son cotillon dans la chute ! Leur rire était large et sonore. On leur voyait des dents jusqu'au fond de la gorge.

Les paresseuses s'arrêtaient de temps à autre — soi-disant pour porter à boire aux hommes qui ravivaient le fil de leur faux en l'aplatissant avec un marteau sur une petite enclume fichée en terre. A neuf heures, tous et toutes se réunirent à l'ombre des bâtiments d'une métairie voisine et l'on déjeuna — sans apéritif préalable.

Durant le repas, une petite commère, à la démarche hardie et aux yeux éveillés, circulait avec un air d'autorité, mordant à même un morceau de pain d'au moins une livre ; sa main tenait une timbale qu'elle emplissait. Toutes les bouches s'y appliquaient tour à tour... Elle-même, à la fin, avala une rasade en disant en manière de plaisanterie :

— Faut pas que je sois dégoûtée, pour boire après vous tous !

Elle était exquise à contempler sous sa tignasse de cheveux d'un blond de vingt nuances, où la brise avait piqué des brins de folle avoine et des pétales de graminées. Et, à chaque gorgée, la peau de son cou rond et bistré se tendait au niveau de la pomme d'Adam, et s'éclairait — par réflexion du soleil — d'une touche d'or.

— Allons, fit-elle lorsque dix heures sonnèrent au clocher du village, allons, haut-là les enfants ! préparons de l'ouvrage au « meuliers » et aux « botteleurs ! » Nous ne sommes pas ici pour regarder pousser l'herbe... C'est pour la couper, pas vrai ?

J'ai su, le tantôt, que la petite commère est la fille du fermier... Elle a dix-huit ans et fane avec l'ardeur et le courage de la plus pauvre journalière du canton...

Un détail que j'oubliais : elle aura quatre cent milles francs de dot... C'est encore aujourd'hui comme ça dans la Brie !

XIX

QUESTIONS DE POTAGERS

Entre toutes les évolutions printanières, je n'en sais guère de plus agréables à observer que celles des végétaux comestibles. Je ne me place pas au point de vue de Brillat-Savarin, qui passait des après-midi dans son verger *à regarder pousser son dessert.* La croissance d'une salade et la floraison d'un pommier m'inspirent des sentiments moins prosaïques. Les soins du jardinier qui prépare la venue d'une plante, surveille son épanouissement et amène ses fruits à maturité ont un côté instructif et paternel qui commande l'intérêt. Son mandat rappelle celui du chef d'institution chargé d'édifier des âmes naïves et d'éduquer de jeunes cerveaux — avec cette différence qu'au lieu d'abreuver ses élèves de latin et de les bourrer d'histoire, il les rafraîchit d'eau claire et les sustente d'engrais.

Le Parisien croit tout connaître de la nature pour avoir fait quelques excursions dans les forêts suburbaines où vécu, pendant un été, en Suisse. N'allez point lui parler de l'origine des denrées qui constituent son alimentation et des labeurs que ces denrées ont nécessités pour arriver à délecter son palais. Cela lui est parfaitement égal !... Les agissements privés d'une actrice sans talent ou les réflexions d'un assassin captif lui paraissent autrement piquants que les phases d'un radis ou la biographie d'une fraise !

Eh ! mon Dieu, son cas n'est point pendable ; et je ne veux point, — dans le but de lui reprocher son indifférence — enfler ma voix à la façon des prédicateurs tonnant, en chaire, contre les vices du temps. On peut être un fort honnête homme et ne point s'attendrir devant les métamorphoses d'un artichaut... Mais croyez-vous qu'on n'agirait point sagement en supprimant certaines futilités du programme actuel des études classiques pour tailler une part plus large à des sciences économiques comme la pratique du jardinage ? La possession absolue des racines grecques est peut-être fort utile en soi, mais j'estime que savoir greffer un poirier n'est point une connaissance à dédaigner !

Mon éducation date d'un temps où l'Université était moins progressiste et plus routinière encore qu'aujourd'hui : mais le hasard voulut que j'aie pour maître un jeune normalien, fort savant et fort avisé, qui eût été, selon moi, un incomparable ministre de l'Instruction publique. C'était un réfractaire, un dissident, ennemi du vieux jeu et partisan de réformes dont certaines ont, depuis, été accomplies. J'imagine qu'il a fini, obscur et oublié, dans quelque lycée de province et que ses idées « en dehors » l'ont desservi plutôt qu'elles ne l'ont élevé.

Les jeudis et les dimanches, au lieu de nous mener banalement exhiber nos pantalons trop courts, nos tuniques trop longues et nos képis trop étroits dans des promenades encombrées, il nous faisait franchir le seuil des potagers des grands châteaux d'alentour. Il s'était, au préalable, abouché avec les jardiniers de ces propriétés et ceux-ci, fiers du concours réclamé à leur expérience, nous apprenaient leur art en un français incorrect et dans une langue bizarrement colorée qui gravait très profondément dans nos esprits les secrets des manipulations maraîchères.

— Mes enfants, nous disait l'un d'eux, ce qu'il y a de plus idiot sur la terre, c'est les laitues !... Elles poussent toutes à la fois, dans la même nuit, et il faut les arracher, sinon elles « montent » et ruinent leur « planche ». Alors, vous voilà, pour lors, avec deux cent laitues ! Qu'est-ce que vous en faites ? Une salade ? Une salade de deux cents laitues, c'est difficile à avaler, même avec des œufs durs. Faut les jeter ! Et vous croyez que c'est gai pour le malheureux jardinier qui s'a cassé les reins à les piquer, à les arroser, à les biner ? Ma foi ! j'aime encore mieux les melons, ils sont plus raisonnables... L'asperge aussi est une drôle de particulière ! Une fois que la première a montré son museau, c'est comme si qu'elle disait aux autres ! « vous pouvez sortir », et les voilà toutes en l'air !... Celui qui trouvera moyen d'empêcher *certaines* légumes d'arriver comme ça, ensemble tout d'un coup, sera un fameux lapin !

Le bonhomme ne se doutait pas qu'il soulevait une question laborieusement étudiée depuis. On a cherché — en vain jusqu'à ce jour — à retarder l'affluence simultanée de quelques espèces de légumes et à prolonger leur « saison ». Mais on ne paralyse pas le lent et continu travail du terreau ; la fécondité de l'humus ne se réfrène point comme les passions humaines... Vous aurez beau baigner un carré de sirop de bromure ou d'essence de nénuphar, s'il a l'hystérie productive, rien ne calmera son ardeur, à moins que, nouvel Attila, vous ne brûliez ses récoltes pour répandre à sa surface des monceaux de sel — le grand stérilisateur biblique !

Si le boulevardier gouailleur et pervers ne se soucie pas des mystères de la culture, il n'en est pas de même du bourgeois et du petit commerçant qui s'imposent les plus dures privations pour louer, dans la banlieue, un vide-bouteille où, sur un emplacement de cinq mètres carrés ; ils accumulent des spécimens de tous les « biens de la terre ». Le bouquet de persil ou la douzaine de pommes de terre qu'ils rapportent le dimanche soir de leur jardin leur coûtent cent fois plus cher qu'à la halle, mais ils leur trouvent une saveur à part : ils les portent à leur bouche avec une dévotion de communiant et, si vous avez la maladresse d'insinuer que l'unique poire de leur poirier rappelle le navet — par son goût fade et aqueux — vous vous en faites des ennemis mortels.

Je dus une fois céder aux instantes prières d'un marchand de bibelots, avec lequel j'étais en relations d'affaires et qui possédait un vieil étain, dont j'étais énamouré — une aiguière exquise de forme et de travail, dont l'écusson, gravé au burin, trahissait l'origine authentiquement royale. Mon antiquaire n'avait qu'un marotte en dehors de son métier qu'il connaissait supérieurement : la campagne ! A la suite d'un bénéfice considérable, réalisé sur la vente d'un lot de Gobelins, — acheté par lui pour un morceau de pain, rue de Lappe, après la Commune, chez un revendeur de ferrailles. — il avait fait l'acquisition d'une villa exiguë dans la plaine d'Alfort... Et de ses mains qui maniaient des chefs-d'œuvre toute la semaine, il labourait son terrain, arrachait les mauvaises herbes et coupait les branches mortes de ses cinq arbres fruitiers — jusqu'à ce que, suant, épuisé, il s'assît sous une tonnelle de vigne-vierge devant une choppe de bière... Et quelle bière !

— Je vous laisse votre étain au prix que vous m'en donnez, me dit-il un samedi, si vous venez déjeuner avec moi demain à ma campagne !

Il n'y avait pas à hésiter. Je m'exécutai. A l'heure fixée, mon amphitryon me servait une tranche d'un jambonneau trouvé sans doute par lui dans les oubliettes d'un château gothique, et des petits pois nés, sur les lieux, du mariage probable des billes de son petit garçon avec les balles de plomb d'une carabine dont il canardait les moineaux de son cerisier... Ajoutez à ce menu les soupirs d'un dépôt de guano installé dans le champ voisin, et vous comprendrez mon courage et ma résignation.

Je pourrais nommer un collectionneur qui, pour arriver à la possession d'une robe et d'un bonnet portés par madame de Maintenon, dut faire la cour à une brocanteuse presque aussi âgée que les nippes convoitées. Je ne saurais préciser jusqu'où ce flirtage fut poussé, mais je puis affirmer que l'amateur, en m'exhibant cet antique chiffon, me disait chaque fois :

— Croiriez-vous qu'au dernier moment la brocanteuse allégua que le bonnet ne faisait pas partie du marché... un bonnet à la Fontange, très curieux !

Et il murmurait tout bas en secouant la tête :

— Je l'avais pourtant bien mérité.

En cédant au désir de mon antiquaire je n'encourus, en somme, qu'un pauvre déjeuner. Et puis le jambon moyen âge et les biscaïens qui l'accompagnaient me furent servis dans des « dédommagements ». Le jambon reposait sur un ancien plat d'argent dont les bords racontaient, en bas reliefs, les exploits d'Hercule. Les pois « sonnaient » au fond d'une étourdissante soupière en vieux rouen, que je retrouvai plus tard à l'Exposition des arts rétrospectifs, dans la célèbre collection S... Les lames de nos couteaux étaient emmanchés dans du vieux saxe et nos fourchettes, à poignée d'ébène incrustée de motifs de nacre, provenaient d'un service de chasse de Henri II... Et ces trésors et ces merveilles, relégués dans cette banlieue, sous le toit d'une vulgaire cabane bâtie en boue et crachat, m'arrachaient des cris d'admiration ! L'antiquaire n'avait cure de mes enthousiasmes :

— Ah ! vous, me disait-il avec envie, vous qui allez beaucoup dans le monde, vous devez souvent manger des melons excellents, mettez-moi des pépins dans vos poches, faites-les sécher et apportez-les moi pour ma couche...

Je lui demandai un jour à qui il avait vendu certain pilastre renaissance, fouillé avec une délicatesse étonnante par le ciseau de quelque grand artiste florentin.

— Je ne l'ai pas vendu, me répondit-il, il est à Alfort où il soutient le tronc de mon vieux pommier du fond.

La condition essentielle d'un potager est d'être bien exposé... La place et l'aménagement de ses pensionnaires à non moins d'importance — car le voisinage de telle plante nuit à telle autre. Il n'est point besoin d'être un Jussieu pour comprendre qu'une espèce gourmande et vivace, poussant très vite en touffes exubérantes, appauvrit ses environs en pompant avec ses radicelles les sucs nutritifs du sol. Il faut qu'un potager soit affranchi de tout ombrage et exposé complètement aux ardeurs du soleil, au vent et à la pluie. Il ne doit même pas être trop riche en arbres fruitiers.

C'est à peine si l'on doit admettre contre les murs des abricotiers ou des pêchers en espaliers (la vigne seule sera tolérée en raison de sa sobriété et de sa bonne tenue). Moyennant ces précautions, vous verrez s'épanouir à l'aise poireaux, oignons, épinards, carottes, choux, pommes de terre, artichauts, tomates et autres légumes d'usage constant.

Égayez les bordures par des alignements d'oseille, de persil, de cerfeuil, de thym et de ciboules. Reléguez les framboisiers à l'ombre et rangez le bataillon des groseilliers dans un angle spécial. Groupez les plantes qui ne réclament pas des soins quotidiens, de façon à concentrer tous les efforts de vos arrosoirs sur un espace déterminé. En ce qui concerne la guerre aux limaces, mulots, loirs et autres parasites des végétaux alimentaires, je vous renvoie aux expédients locaux, car chaque contrée a ses procédés particuliers de destruction, qui sont efficaces dans le pays seulement. J'ai vu, en certains endroits, des millions de fourmis supprimées à l'aide de la fleur de soufre répandue sur leur repaire, tandis qu'en d'autres, les bestioles circulaient dans la poudre jaune sans manifester le moindre malaise. La courtilière (taupe-grillon) doit être attaquée dans son trou avec de l'huile qu'on y verse goutte à goutte. Menacée d'asphyxie, elle se hâte de sortir de terre et on la tue. Eh bien! il est des contrées où ce moyen n'a pas raison de ses maléfices. L'animal se contente de se creuser activement une galerie latérale où il échappe à l'action du corps gras. Dans Seine-et-Marne existait autrefois un charmeur de courtilières qui les faisait venir à la surface du sol en sifflant d'une manière à lui... Il gagnait un argent fou.

En Angleterre, on emploie les crapauds pour purger les potagers de leurs ravageurs. Le jardinier d'un de mes amis s'avisa de confier la préservation de ses plates-bandes à des mouettes et s'en trouva fort bien. Un praticien émérite préconisait, à la dernière exposition d'horticulture, l'emploi du hérisson. Finalement ma propre expérience m'a démontré que le mieux est d'opérer de ses mains et de guerroyer en personne contre les chenilles et les insectes nuisibles — dont la basse-cour se régale. Un escargot jeté dans un poulailler provoque des batailles qui prouvent en quel estime les gésiers tiennent ce gastropode.

En somme, les mesures fécondantes et conservatrices par excellence sont l'arrosage et le fumage. Un potager qui n'a pas « trop d'eau » à sa disposition est condamné à la misère et à la stérilité. En ce qui concerne le fumage, on doit abuser du fumier. C'est à la *gadoue* de notre capitale que les fruits et les légumes dits « de Paris » doivent leur suprématie reconnue dans le monde entier. En aucun point du globe on ne mange de meilleurs haricots, de meilleurs choux, de meilleures fraises, etc., etc., que ceux poussés dans notre banlieue. Cela provient de la fertilisation constante des ordures que les tombereaux enlèvent chaque matin devant nos portes pour les répandre dans les espaces maraîchers... Et ces détritus doivent leur vertu à leur mélange avec le crottin recueilli sur le macadam de nos rues.

A Londres, une entreprise spéciale a le monopole du crottin ; les employés — des gamins en loques et des Irlandais dépenaillés — surveillent les « soulagements » des chevaux et, dès que la proie attendue est tombée sur le pavé, elle est ramassée et entassée dans des coffres de fer espacés le long des trottoirs. Le fumier ainsi obtenu ne vaut pas les boues de Paris composées d'éléments organiques d'une diversité qui accroît leur valeur. Dans cette macédoine puante, les fragments de billets d'amour se flétrissent en compagnie des tiges de carottes ; le bouquet de lilas blanc fané se décompose accolé à l'arête d'un hareng saur, et cette pourriture aux exhalaisons fétides — mélangée par la bêche à l'humus — engendre le terreau le plus azoté et le plus puissant que l'on connaisse.

Lorsque vous vous promenez dans les plaines cultivées de nos environs, et que vous passez devant le monticule déposé le matin, au coin d'un champ, par les tombereaux de la municipalité, le dégoût vous fait lever le cœur et vous détournez la tête en vous bouchant le nez.. C'est de l'ingratitude ! Vous devriez avoir le courage de supporter ces relents nauséabonds. Que dis-je ? Vous devez ôter votre chapeau en présence de ce tas d'immondices, car c'est lui qui donnera le parfum aux fleurs de vos boudoirs, leur saveur aux ragoûts de vos cuisines et leur miel aux fruits de votre table.

XX

LES BAINS FROIDS

Nul n'ignore que l'eau de Seine est devenue impossible à boire et que son usage constitue pour ses consommateurs un danger véritable.

« Le Parisien qui, à cette heure, persiste à s'en abreuver, peut être considéré comme un malheureux dégoûté de la vie », écrivait hier un hygiéniste accrédité. Moi, je vais plus loin : après les révélations des ingénieurs, les analyses des chimistes et l'aspect des grandissements microscopiques, je n'hésite pas à décerner un brevet de courage — et même de folie — à ceux qui osent y plonger leur corps avide de fraîcheur. Mettre son épiderme en contact avec les immondices des déversoirs et les monstres aquatiques (qu'on nous a jadis montrés aux Menus-Plaisirs) me paraît le comble de l'audace — sinon de la malpropreté. J'ajoute qu'aucun directeur de piscine à 4 ou à 20 sous, ne me convaincra qu'un liquide bourbeux et empoisonné de détritus innomables, est aussi sain à la peau qu'une onde limpide et inodore.

Mais voilà ! on a chaud, on n'a ni les moyens ni les loisirs de monter chercher le fleuve dans les points où la traversée de Paris ne l'a pas encore corrompu... On est pressé d'échapper aux étouffements de l'atmosphère, et l'on court aux quais piquer une tête ou faire la planche... C'est la carte (de bain) forcée !... Je déclare qu'avoir frais est délectable, mais payer cette jouissance d'une immersion dans la bouillie puante qui arrose — en aval — les prés fleuris dont parle madame Deshoulières, c'est vraiment trop cher. Plutôt que de subir cette souillure je préférerais, pour me rafraîchir, me dépouiller de mes vêtements et descendre dans ma cave — faire un bésigue avec ma cuisinière.

J'imagine qu'on pourrait fonder sur une berge quelconque un établissement où, à l'aide de certains appareils, les flots vaseux de la Seine seraient filtrés au fur et à mesure de leur entrée dans une enceinte de vingt mètres carrés. Là, les nageurs ne craindraient point d'ingurgiter en tirant leur coupe, les horreurs séquaniennes dont le « tout à l'égout » nous a gratifiés.

Quoi qu'il en soit, les semaines torrides sont fructueuse pour les « fonds de bois » de Bercy à Asnières. Les femmes surtout assiègent les cabines de ces maisons flottantes, et l'on peut assister, du haut des ponts voisins, à des spectacles réjouissants. Car en dépit des précautions prises, le vent soulève les velums tendus entre les toitures, et l'on aperçoit distinctement les ébats des naïades clapotantes. Certain jour caniculaire un monsieur s'était posté, armé d'une lorgnette, sur la dernière arche d'un pont que je ne veux point désigner, et, de là, il observait les indiscrétions des costumes que l'eau collait sur les plastiques rebondies. Il paraissait prendre un plaisir extrême à cet examen, quand un gardien de la paix lui intima l'ordre de circuler.

— Une minute encore, supplia-t-il sans ôter les jumelles de ses yeux, madame B... va sortir du bassin. Je m'en irai après.

— Non, non, circulez, répliqua le sbire inflexible et pudibond. Les ponts ne sont pas faits *pour envisager les formes du sexe!*

Si cet amateur, au lieu d'opérer dans Paris, s'était livré à ses études... académiques à la Grenouillère de Bougival, nul ne serait venu le troubler dans ses méditations, car, en cette anse joyeuse, il n'y a même pas, comme aux bains de mer, de corde séparant le masculin du féminin. De toute éternité, une promiscuité édénique a mélangé les baigneurs avec les baigneuses, et la morale n'en a ni plus ni moins souffert... Au surplus, je ne sache pas que l'on fasse grand cas du câble de séparation sur les plages de Normandie ou de Bretagne... Si la petite baronne désire une leçon de natation du petit vicomte, elle avance hors des limites municipales de la baignade... et le maître et l'élève sont bientôt réunis.

Dans l'île de Croissy, les choses se passent plus

franchement. Comme il y a, sur la rive et sur le café-ponton, une galerie copieuse, les tritons et les nymphes mettent une certaine coquetterie dans leur ajustement. Ceux-ci « arborent » des tricots où les couleurs, savamment disposées en échiquier, produisent de loin des effets polychromes très harmonieux. Celles-là revêtent des pantalons et des tuniques enrubannées de faveurs et soutachées de soie aux bords et aux coutures. Le temps n'est plus où les farceurs apparaissaient avec des caleçons historiés de dessins et de légendes irrévérencieuses. J'ai assisté à l'arrestation du dernier mystificateur qui portait écrit « Vive la République ! » à la face postérieure du sien. Plus de soleils ! Plus de lunes ! Plus de couples enlacés au-dessus de ces mots : « le moment psychologique. » Quant aux dames il leur est enjoint d'avoir des tuniques longues dont le jupon empêche les adhérences révélatrices. Il faut aller beaucoup plus bas, sur des rives moins fréquentées, pour rencontrer les cyniques qui, sans crainte du garde champêtre, se contentent de dissimuler leur nudité sous un simple mouchoir de poche d'une mobilité souvent choquante.

La Seine, dans les parages de Bougival, est encore plus marécageuse et empestée qu'ailleurs. Les canotiers et les étudiants s'y baignent par pur amour de la tradition; la plupart, en sortant de l'eau, ont plus besoin de prendre un bain qu'avant. J'ai toujours admiré les gens qui mangent les poissons pêchés le long de ces berges — et si quelque chose m'a surpris davantage, ce sont les poissons qui habitent ces ondes saumâtres — alors que des camarades de passage leur ont appris l'existence de rivières hautes de cinq mètres, dont on voit le fond et qui ne distillent pas des bulles de gaz méphitiques...

Mes critiques ne changeront rien aux us, coutumes et fritures de notre cité et de sa banlieue. J'en serais d'ailleurs fort marri, car, toutes réserves posées, la natation est un exercice utile et salutaire qu'il est bon d'imposer aux enfants. Je voudrais seulement que mes conseils déterminassent les nageurs à se porter en amont du fleuve — dans sa région immaculée, si j'ose m'exprimer ainsi. Du temps de ma jeunesse, nous nous rendions de préférence à des bains stationnés à la pointe supérieure de l'île Saint-Louis. L'eau y paraissait relativement claire et ne s'était pas encore chargée de l'apport fétide des égouts, beaucoup moins nombreux qu'aujourd'hui. On y rencontrait les gourmets du genre, les friands de courants rapides et les dilettanti de la grande brasse... Je me rappelle les exploits du célèbre accoucheur Pajot qui doit peut-être sa verte et lucide vieillesse à ses « pleines eaux », fréquentes et hardies. Il a sans doute oublié les leçons qu'il voulut bien me donner à cette époque — leçons dont j'ai trop profité, puisque l'abus des bains froids m'a pourvu de douloureuses névralgies et de non moins cruels rhumatismes. J'étais alors fort timoré, car je savais à peine me soutenir à la surface, et la profondeur du bassin était, S. V. P., de trois mètres.

Je descendais prudemment le long des cordes latérales, pataugeant des bras et des jambes à la façon des chiens, quand, un tantôt, le professeur Pajot m'engagea à le suivre au milieu de la piscine, où il me prodigua des enseignements qui firent de moi sinon un maître, du moins un élève sûr de se tirer d'un capotage en rivière ou en mer... Il m'apprit même à me débarrasser de l'étreinte mortelle des gens qui se noient et à les sauver de l'asphyxie. L'éminent docteur poussait la conscience jusqu'à faire le noyé pour s'assurer que je l'avais bien compris. Une fois ce fut mon tour de « perdre la tête » et, de me cramponner à ses jambes. Il me laissa malicieusement sous l'eau plus que de raison, et je remontai vite à la surface, à bout de respiration.

— Quoi, vous déjà? me dit-il.

— Déjà? m'écriai-je. Il y a trente secondes au moins que j'attends votre coup de poing...

Le sauvetage de l'asphyxié agonisant consiste à lui appliquer sur la tempe ou sur la nuque un coup de poing qu'il faut envoyer de très près pour que sa force ne se perde pas dans la résistance de l'eau. On a vite raison des efforts et des convulsions de l'homme étourdi par ce moyen.

Je n'ai pas la prétention de vouloir apprendre à nager — ne pratiquant plus depuis de longues années. — Tout ce que je sais encore, c'est que le secret de cet art réside presque tout entier dans le sang-froid, la lenteur des mouvements et le calme de la respiration. Peu à peu l'éducation des poumons se fait ; ils deviennent d'une complaisance et d'une docilité surprenantes. Les plongeurs indous, ainsi que ceux dont les Folies-Bergère et le Cirque nous ont donné l'exhibition, en sont arrivés à rester immergés presque un quart d'heure, grâce à des efforts progressifs et à des épreuves insensiblement prolongées.

Certes, les leçons « de nage », comme disent les matelots, sont utiles, mais seulement au point de vue des perfectionnements. Je soutiens que le don initial de se tenir sur l'eau, grâce à certains mouvements, ne se communique pas. Tout le monde le possède. La peur et l'affolement, la crainte d'avoir de l'eau dans les oreilles ou par-dessus la tête, empêchent seu.. de l'appliquer : la preuve, c'est que, d'abord, certains sujets restent réfractaires à toutes recommandations et boivent des « bouillons » dès qu'ils s'aventurent à quitter pied... Et puis, un beau jour, on ne sait ni pourquoi ni comment ces prétendus rebelles partent tout seuls et sont les premiers étonnés de flotter avec aisance.

Je ne crois pas qu'il faille prolonger le séjour dans l'eau — même par les plus grandes chaleurs. Dans l'extrême jeunesse seule — à l'époque trop vite passée où la circulation possède une puissance de réaction énorme — on peut s'offrir des baignades de plusieurs heures, mais plus tard, dans l'âge mûr, il faut se contenter d'un barbotage de vingt minutes, et encore devra-t-on s'agiter et ne pas rester dans l'élément liquide sans s'y mouvoir incessamment...

Il est d'ailleurs exquis de sortir de l'eau après ce laps de temps, de courir, en se séchant dans son peignoir, au buffet de l'établissement — où l'on avale un verre de rhum — et de paresser ensuite, au soleil, en fumant une cigarette, sur les bancs placés devant les cabines. Quand j'étais étudiant, mon estomac ne se contentait pas de cette rêverie, il fallait l'appuyer d'un accompagnement plus prosaïque. Et je dévorais à belles dents le pain fourré d'un saucisse, debité au bar susdit. Aujourd'hui, les douches chaudes et les bromures ont remplacé ces orgies.

Aussi, fus-je profondément contristé, l'autre jour, quand, après avoir pénétré dans un « Bain Froid », je dus répondre aux offres du garçon que j'étais venu en observateur et non en consommateur... Je considérais longuement et avec envie la gaîté et la souplesse de ces hommes, jeunes pour la plupart, se précipitant du haut de la girafe et disparaissant dans cette julienne de corps humains. Et je me disais que le mot *égalité* serait bien plus judicieusement placé au seuil de ces temples hydrophiles qu'au fronton de nos monuments, car si vraiment les hommes sont égaux quelque part, c'est bien en cet endroit, où ils sont tous pareils dans leur costume, identiques dans leurs agissements et semblables dans leur nudité.

XXI

LES MÉMOIRES D'UN LAPIN

Je suis un lapin à poil et... à plume. J'écris. J'avais résolu — pour obéir à la tradition spéciale aux mémoires — d'ordonner à mes héritiers de publier les notes qui suivent dix ans seulement après ma mort, et puis, les ayant relues, j'ai jugé qu'elles pouvaient paraître sans tarder davantage. Je n'y aborde aucun thème social ; les questions politiques n'y sont même pas effleurées et je m'y suis abstenu de toute personnalité blessante. Mon devoir était donc de confier l'impression, les corrections de ma prose à un grand connaisseur de lapins...

C'est pourquoi j'ai envoyé mon manuscrit à M. Adrien Marx.

I

Ma mère me donna le jour dans un bois des environs de Paris. Si je débute par cette déclaration, c'est pour qu'on ne me suppose pas les vulgaires origines d'un lapin de choux. La garenne qui m'a vu naître appartient à un gentilhomme dont les ancêtres étaient, comme les miens — de fameux lapins. Ils se distinguèrent dans les Croisades et saint-Louis dit à l'un d'eux — qui avait pourfendu quatre infidèles d'un seul coup d'épée :

— Soyez plus discret, messire, si vous y allez si drument, il n'en restera plus pour les autres.

Je puis affirmer l'authencité de cette auguste parole pour l'avoir entendue rappeler par mon maître à un de ses amis qui, durant une battue, venait d'occir vingt de mes semblables avec son choke-bored. A quoi l'invité répliqua :

— Saint Louis avait des raisons pour ménager les Sarrazins, vous n'en avez aucune pour conserver les lapins qui dévastent vos domaines et vous coûtent, en indemnités, les yeux de la tête.

Le fait est que nous pullulions dans la propriété du marquis (vous ai-je dit que mon propriétaire était marquis?) et je sentais que notre nombre provoquerait des massacres où la plupart d'entre nous succomberaient.

Aussi le garde de mon maître lui dit-il un jour, en mettant sa casquette à la main :

— Faut choisir entre eux (eux, c'était nous) et le bois, car si ça continue, la forêt, dévorée par les maudites bêtes, sera aussi chauve que le front de monsieur le marquis, — au respect que je lui dois.

Le marquis, dont le crâne rappelait un œuf de dinde

par son absence de toison — se mit alors à organiser des rabats auxquels il conviait ses camarades — tous tireurs de premier ordre.

II

Je me les rappelle bien, et pour cause — car ils me canardaient avec une ténacité dont, Dieu merci, mes crochets inattendus et la rapidité de mes bonds triomphèrent toujours.

Il y avait d'abord la marquise qui chassait avec un petit fusil qu'elle maniait fort difficilement, à cause du développement de sa poitrine. Comme elle a rendu son âme à Dieu l'an dernier, je puis ajouter qu'elle était très disgracieuse dans son costume demi-masculin.

Le plus redoutable de ces Nemrods était un sénateur de la droite qui ratait rarement son coup. Ce qu'il a provoqué de deuils dans ma propre famille est incalculable !

Il a tué ma sœur, deux de mes oncles et trois de mes neveux. Je lui dois même la triste fin de ma belle-mère à laquelle il cassa les pattes de derrière.

III

J'habitais un terrier dont j'avais dirigé les fouilles avec une habileté qui laisse loin la compétence des plus habiles officiers du génie. C'était un dédale de galeries souterraines, avec issues multiples, cachées sous les bruyères et retraites inaccessibles aux furets les plus retors. Nous y tenions nos conciliabules en parfaite sûreté. La veille des chasses qui revenaient à jours fixes, toutes les semaines, je distribuais à chacun des instructions propres à déjouer les plans de nos ennemis.

Malheureusement, ainsi qu'il advient dans les réunions de parents nombreux, nous comptions de mauvaises têtes dans nos rangs. Il y avait, de plus, les amoureux qui contrecarraient nos projets par leur flirtage inconsidéré.

Une jeune lapine — dont j'étais le bisaïeul — avait donné rendez-vous au pied d'un chêne au filleul de ma tante. Il n'en fallut pas plus pour éveiller l'attention du garde sur l'enceinte que nous occupions.

Et la matinée suivante, la tuerie commença — tuerie où l'un de mes derniers nés eut un œil crevé...

Vous ne me croirez pas, et pourtant cette infirmité lui fit rater trois mariages. Un lapin qui n'a qu'un œil est déprécié dans nos communautés où l'on sait que deux yeux ne sont pas de trop pour voir venir les chasseurs à droite et à gauche et aussi pour distinguer dans les gazons les herbes les plus savoureuses.

J'ai eu pour ami un lapin aveugle dont la vie fut des plus misérables. Sans ses enfants, qui le menaient pieusement dans les clairières où fleurissaient le thym et le serpolet, il serait mort de faim.

Il avait demandé et obtenu la patte d'une coquette qui profita de sa cécité pour le tromper indignement. Elle découchait du terrier et menait une existence si désordonnée qu'on la recevait peu... Je dois, à ma sincérité, d'écrire qu'elle était fort jolie. Son poil lustré faisait valoir les avantages de son râble arrondi, aussi ne pouvait-elle faire un pas sans être suivie d'une bande d'adorateurs. Et c'étaient des duels sanglants où les plus vigoureux des nôtres restaient sur le gazon.

Nous nous battons — chacun sait ça — à la manière des coqs. Les adversaires se précipitent l'un sur l'autre en se dressant tout debout et en cherchant à s'ouvrir le ventre avec les griffes des pattes postérieures. Il en est de si habiles à ces combats, qu'ils manquent rarement leur ennemi et jonchent le sol de cadavres. Les gardes, généralement idiots, prennent ces victimes de l'amour pour des individus emportés par la maladie ou terrassés par la dent des oiseaux de proie et des bêtes puantes. La vérité est qu'ils sont en présence de champions auxquels la destinée a été contraire et qui ont succombé pour avoir trop aimé !

La lapine sans morale — qui m'a conduit à cette digression — périt un matin qu'elle revenait de faire la fête en plaine. Saoûle de luzerne fraîche, elle ne sut pas déguerpir assez promptement pour éviter le plomb du marquis qui billebaudait le long de ses bordures, et finit, sans doute, en une gibelotte, à moins qu'elle n'ait été mise à la broche, avec une bonne farce de chair à saucisse additionnée de fines herbes !

IV

C'est surtout la nuit que nous nous égarons dans les champs où la betterave, les graminées naissantes et les arbustes nains nous offrent des repas affriolents. Etant d'un naturel sentimental et poétique, je dédaignais ces régals prosaïques pour m'abandonner aux extases spirituelles et aux épanouissements du cœur.

J'admirais la lune promenant sur les campagnes ensommeillées son disque d'argent, et mon bonheur était complet lorsque Adèle — elle se nommait Adèle — venait me retrouver. Nous nous asseyions au bord d'un fossé et nous faisions notre toilette en nous disant des riens.

Je contemplais l'éclat de ses flancs de neige, éclairés par l'astre des nuits, et je lui récitais des vers... Quelquefois je m'enhardissais jusqu'à promener mon museau audacieux sur son oreille, transparente comme de la nacre. Je lui apportais aussi des plantes odoriférantes que je recueillais en des endroits connus de moi seul... Et nous soupions joyeusement. Lorsque l'aube commençait à poindre, nous buvions un dernier coup de rosée sur les trèfles encore endormis et nous nous séparions au chant de l'alouette — pareils au couple célébré par M. Shakespeare.

Aujourd'hui que je suis vieux et qu'il ne me reste de ces douces équipées que des souvenirs... et des rhumatismes, je donnerais six mois de mon existence pour revivre une de ces nuits charmantes. La mort de ma compagne m'a seule délié de mon serment... Elle fut emportée par « le gros ventre », un mal spécial à notre espèce — mal terrible qui terrasse sa proie en deux heures.

Ici s'arrêtent les mémoires du vieux lapin littéraire. Ils se distinguent par une aimable franchise, une incontestable authenticité et des aperçus éminemment philosophiques. On n'en pourrait pas dire autant de ceux que les fouilleurs d'archives et les fureteurs de bibliothèques publient chaque jour !

XXII

LES LAPINS OFFICIELS

Savez-vous ce que c'est qu'une gaffe ? un instrument de canotage, un outil de marinier... Vous n'y êtes pas du tout ! Une gaffe signifie, en argot de coulisses, une maladresse, un impair, un acte intempestif et bête dont un génie perfide insuffle l'idée à ceux qu'il veut perdre...

On a vu des gaffes casser des mariages, provoquer des jaunisses et ruiner des agents de change. C'est aussi par des gaffes que les gouvernements se rendent impopulaires. Le nôtre vient d'en commettre une — que je qualifierai de magistrale — en décrétant la suppression des lapins dans les forêts de l'État, et en saupoudrant ce verdict d'impôts, de charges et de servitudes à jeter saint Hubert lui-même hors de ses gonds !... Nous ne vivons plus au temps où la chasse était la distraction intermittente d'un groupe aisé ; elle est devenue le délassement favori d'une légion considérable avec laquelle il faut compter. Si le ministère n'avait pas, dans les oreilles, tout le coton de Madagascar, il entendrait les grincements de dents du monde cynégétique, accompagnés en sourdine par le murmure des amateurs de gibelotte. Ce monde spécial n'est pas, à cette heure, uniquement composé de millionnaires oisifs et de bourgeois enrichis : Une foule de prolétaires et la fine fleur du troupeau votant ont grossi ses bataillons. S'aliéner ses sympathies est une gaffe de première classe. Pas plus tard qu'hier, un docile centre-gauche s'écriait devant moi, en serrant les poings :

— On a taquiné les prêtres, décroché les crucifix, banni les religieuses, conquis la Tunisie et entrepris la guerre du Tonkin — j'ai tout supporté : mais on touche aux lapins... halte-là! Je lâche le gouvernement!

Étant donné que nous sommes menacés de voir le lapin de garenne disparaître — pour en retrouver un jour le squelette dans les Muséums (section des fossiles) entre le mastodonte de Cuvier et l'anaplotherium de Werner — je crois devoir lui consacrer quelques détails biographiques inconnus du vulgaire. Quand M. Proudhomme l'a nommé « un quadrupède timide et nourrissant », il l'a dépeint incomplètement... Le lapin est timide, c'est incontestable. A votre approche il détale — en montrant son derrière, généralement dépourvu de pantalon. Cette opération n'est une preuve de timidité qu'à la condition de n'être point préméditée, sinon elle constitue l'acte cynique d'un individu mal élevé. Tel n'est pas le cas du lapin. La peur seule l'excite à cette inconvenance.

Pour être nourrissant, le lapin l'est au suprême degré. Il se prête à toutes les sauces, à toutes les broches, et à toutes les terrines. Il est ragoût, rôti ou pâté selon la fantaisie des cordons bleus, et quand le lièvre manque, il pousse l'obligeance jusqu'à se déguiser en civet. Ce que, dans une louable pudeur, M. Prudhomme n'a pas dit, à propos du lapin, c'est qu'il est le personnage le plus prolifique de la création. Il donne les preuves d'une fécondité disparue depuis la mort des patriarches de l'Ancien Testament. Jehovah eût pu lui appliquer la parole transmise à Israël par le prophète : « Tes descendants seront aussi nombreux que les grains de sable de l'Océan ! »

Le lapin vit environ huit ans et il engendre une moyenne de cinquante lapereaux par an — total, quatre cents rejetons ! Et c'est un gaillard aussi actif qu'on veut supprimer ? Et l'on vient nous dire, après cela, que l'État encourage les travailleurs ? En admettant qu'on ne sache pas gré au lapin de son penchant pour la paternité il faut tenir compte de ses propriétés comestibles. S'il y avait une justice sur la terre, l'économiste attendri devrait intercéder en sa faveur en le montrant à ses adversaires comme la plus précieuse des ressources alimentaires d'un pays besogneux.

Tous les types pullulants se distinguent par une fringale constante : c'est pourquoi le lapin jouit d'un appétit colossal. Quand il a brouté le thym et le serpolet des clairières, il se rabat sur les récoltes naissantes, et quand il a fauché les blés en herbe — à la grande joie des cultivateurs, qui réclament pour ces dommages des indemnités vertigineuses — sa dent s'attaque aux jeunes pousses des arbres. Si l'on n'y prend garde, cette dent meurtrière détermine dans les forêts (que l'abbé Delille appelle la chevelure du globe) des calvities désolantes. Je reconnais donc, jusqu'à un certain point, que l'administration est fondée à considérer le lapin comme un ennemi personnel, et j'admets qu'elle oblige les locataires des chasses de l'État à lui déclarer une guerre opiniâtre. Mais où je tiens cette même administration pour illogique et quasiment déshonnête, c'est quand elle vous concède à des prix exorbitants un sol dont elle entend retirer elle-même jusqu'au dernier rongeur.

L'État, se faisant marchand d'un gibier qu'il supprime, agit comme Piètrement s'il refusait de vous livrer une bourriche payée d'avance. J'ajoute que les bois de la République sont très pauvres en venaison, et que, si l'on en extrait les lapins, il n'y restera rien. Quelques grands animaux, — cerfs ou sangliers — réservés aux adjudicataires de chasse à courre peuplent uniquement leurs solitudes. Demander six mille francs à un citoyen contre l'autorisation d'arpenter trois cents hectares de futaies où il n'y a que des papillons me semble une amère plaisanterie... C'est ce qui nous pend au nez.

La solution de la question est pourtant bien

simple : que l'État, s'il est assez riche pour s'offrir ce sacrifice, renonce aux millions que ses chasses font choir dans son escarcelle et s'adonne exclusivement à l'entretien et à l'exploitation de ses bois — ou qu'il nous laisse nos lapins, en nous infligeant de fortes amendes pour les dégâts qui seront constatés. Nous procéderions ainsi nous-mêmes, dans l'intérêt de notre bourse, à d'amusantes hécatombes et nous deviendrions plus conservateurs des forêts que les fonctionnaires de ce titre — hommes charmants dans leur particulier, mais d'un commerce insupportable lorsqu'il s'agit des plus minces délits.

L'administration se gardera bien de prendre ce sage parti : la rusée commère préfère, comme on dit, empocher l'argent et la marchandise. Elle sait que Paris abrite, sous ses lambris, des naïfs que l'amour de la chasse aveugle au point de passer par ses fourches caudines et d'apposer leur paraphe au bas de ses contrats léonins. Elle est certaine qu'en dépit de ses exigences, on ne lui laissera pas ses cépées sur les bras et qu'elle trouvera toujours des enchérisseurs fanatiques.

— Nous forcerions les signataires à ne tirer que les pies, me disait un garde-général, dans un accès de franchise, que nous ne manquerions jamais d'amateurs.

Non contente d'inscrire en tête du règlement de 1885 :

> Voir le dernier lapin à son dernier soupir,
> Moi seule en être cause et mourir de plaisir !...

l'administration forestière prévient ses clients qu'ils devront établir autour des surfaces boisées des entreillagements solides et luxueux qui resteront, à l'expiration du bail, la propriété de l'État. Là encore, ce doux État, cet État bienveillant, trahit une fois de plus son absence de logique et l'âpreté de ses instincts. Si le lapin devient un mythe, à quoi bon protéger les plantations contre sa gloutonnerie? Et si les grillages sont payés par les chasseurs, au nom de quelle juridiction leur interdit-on de les céder à leurs successeurs? « Je vous loue un potager et je vous défends d'y cultiver des légumes. Bien plus, je vous ordonne d'y bâtir une maison à vos frais, et cette maison m'appartiendra à la fin de votre bail. » Vous croyez que c'est un pensionnaire de Charenton qui tient ce langage? Non; c'est le gouvernement par la plume du directeur général des Eaux et Forêts!

L'ancienne législation était pourtant pas mal écœurante avec ses clauses de bon plaisir. N'était-il pas suffisant de subir des beuglements, les gambades et parfois les assauts des troupeaux de vaches, autorisés à pâturer dans vos massifs? Et les ramasseurs de bois mort? Et les chercheurs de champignons? Et les troubadours des garnisons voisines pénétrant dans les fourrés en compagnie de payses qui leur donnent la réplique dans des pastorales militaires que le vieux Longus conterait mieux que moi. Et les faucheurs? Et les chiens errants? Et les allées et venues des charbonniers, des boisetiers, des concessionnaires de coupes? Que sais-je encore ! C'est-à-dire qu'il faut que le gibier soit vraiment d'humeur accommodante pour circuler dans des gazons presque aussi bruyants et aussi foulés que le bitume du boulevard Montmartre. Et comme si le programme de ces vexations n'était pas assez touffu, l'État y joint la latitude de procéder à des tournées d'inspection et à des destructions « qu'il fera opérer par qui bon lui semblera. »

Je n'ai rien dit encore du personnel subalterne des forêts; il est généralement composé de braves gens, anciens soldats, exécutant leur consigne alors même qu'elle leur paraît injuste et oppressive. Les gardes, reconnaissons-le, font ce qu'ils peuvent pour concilier les exigences de leur devoir avec le contentement du locataire. Ce dernier répond à leur amabilité platonique par de larges pourboires que l'administration voit octroyer avec plaisir, car ces profits lui permettent de payer à peine ces malheureux. Elle les prie d'ailleurs de tuer, pour leur table, un lapin par jour — un des vôtres bien entendu ! En sorte que tout le monde grignotte et massacre votre bien — excepté vous qui le payez.

N'allez pas surtout vous brouiller avec un garde, vous en auriez regret. Il m'advint jadis d'entrer en lutte avec l'un d'eux, et j'eus la légèreté de commettre une infraction insignifiante — après lui avoir interdit de chasser sur « mes terres » en mon absence. Il me dénonça, me fit retirer le droit de chasse que j'avais acquis contre deniers trébuchants et

exiler de la forêt comme un vulgaire colleteur.
« Quand j'ai une idée dans la tête, je ne l'ai pas dans
mon armoire à glace », disait feu madame Thierret,
du Palais-Royal. Je suis comme madame Thierret.
Je résolus de me faire réintégrer dans mon chez moi
et lancer le bonhomme, qui — prévoyant le règlement de l'avenir — conviait ses amis à exercer son
adresse sur mon gibier. Ah ! bien oui ! Je vis l'inspecteur, le conservateur, le directeur, le ministre
lui-même... Rien n'y fit. Je demeurai proscrit et
l'arme en bandoulière. De guerre las, je m'adressai
à M. Grévy, président de la République : je dois reconnaître que c'est en ce collègue (comme tueur de
lapins) que je trouvai le plus d'affabilité, le plus d'indulgence et le plus d'envie de provoquer une enquête sérieuse.

Sans rien m'affirmer quant au résultat, M. Grévy
me promit d'intercéder pour moi, et il tint sa parole :
mais le code forestier proclame qu'un garde a toujours raison et le locataire toujours tort, en sorte
que le ministre d'alors pria M. Grévy de se mêler de
ses affaires et non des miennes. Mon ostracisme fut
maintenu et le délateur eut sans doute de l'avance-
ment. Ce n'est pas tout. Après cet incident, on dé-
truisit dans mon lot plusieurs milliers de lapins
dont, en toute justice, on aurait dû me remettre la
valeur — puisque ces dépouilles étaient mon bien...
Jamais je ne reçus un traître sol d'indemnité et je
n'entendis point parler davantage de mes faisans et
de mes chevreuils, occis probablement par la même

occasion et servis dans des dîners auxquels on n'eut même pas la délicatesse de m'inviter !

Aussi, je le déclare : je ne figurerai jamais parmi les adjudicataires des locations forestières de l'Etat. Je laisse à d'autres la joie de se promener avec une canne — le seul instrument désormais nécessaire — dans des bois, tristes, déserts et silencieux, qui n'auront même plus leurs aspects pittoresques — grâce aux grillages qui vont cacher les vertes frondaisons, les ronciers hirsutes et les baliveaux grêles... J'imagine que, derrière ces barrières, les chasseurs auront l'air de délinquants parqués en cage. Cela ne pouvait finir autrement : après leur avoir pris leur argent, leurs lapins et leur bon droit, l'Administration leur ôte la possibilité de se promener et les emprisonne comme des malfaiteurs... Vous verrez qu'Elle finira par leur envoyer des coups de fusil — pour faire croire aux alentours qu'il y a encore quelque chose à tirer dans ses domaines !

XXIII

AUTOUR DE PARIS. — RAMBOUILLET,
FONTAINEBLEAU, ETC.

Paris est entouré — comme à souhait — des plus beaux bois du monde : ces cinq ou six grands massifs forestiers ont chacun des aspects et un sol spéciaux ainsi que des avantages cynégétiques et pittoresques qui font que la chasse y présente des agréments divers. A Saint-Germain, on circule dans un véritable parc. Le gibier, familiarisé avec les promeneurs, n'y est point défiant. Pour un rien, les faisans vous mangeraient dans la main, et j'ai cru, un après-midi, qu'un chevreuil allait me demander l'heure. Il s'en faut de ça que les lapins s'en aillent, d'eux-mêmes, se blottir dans les casseroles du pavillon Henri IV où le maître queux Barbotte leur réserve des sauces — savantes jusqu'à l'érudition.

A Rambouillet, comme aux environs de Versailles, le décor, le terrain et la végétation changent. Nous y foulons un terreau qui, en maints endroits, rappelle celui de la Sologne. Le gibier s'y complaît et s'y reproduit plus et mieux que partout ailleurs. Le braconnage y est discret et les riverains 'n'y affirment point, sur le chapitre des dégâts, l'âpreté qui, en d'autres zones, provoque tant de conflits, de procès et de débours. Aussi, de toutes les chasses de l'État, celles de Rambouillet sont les plus avantageuses et les plus agréables — et je veux, puisque l'occasion me tend ses cheveux, les saisir à poigne main pour adresser au conservateur de ces futaies des compliments qui paraîtront d'autant plus sincères que je ne puis être suspect de tendresse pour l'administration forestière... On l'a bien vu dans le chapitre précédent !

J'y raconte que j'eus avec elle, lorsque j'étais actionnaire d'un lot de la forêt de Compiègne, des démêlés qui eurent leur retentissement. Chargé par mes camarades de l'aménagement et du peuplement de ce lot, je me dis que le gouvernement n'entendait pas nous louer un prix exorbitant des carrés où l'on ne rencontrait que des sauterelles et — contrevenant, je l'avoue, aux obligations du règlement — je lâchai quelques lapines pleines dans des prés herbeux, situés loin des plantations, de façons à éviter aux jeunes arbres des morsures préjudiciables à leur destinée. J'espérais que l'État, encaissant les espèces exigées par notre contrat, fermerait les yeux sur ce mince délit jusqu'à preuve de dommages causés à ses hêtres et à ses chênes par mes rongeurs. Mais l'État — pas bête — en profita pour résilier notre bail, gardant l'argent et les lapins qui avaient pullulé. Elle garda aussi les faisans que j'avais élevés et lâchés à grand frais sur notre territoire et fit tuer le tout par des invités à elle — sans nous convier à ces hécatombes et sans nous offrir le moindre cuissot des rares chevreuils qu'elle nous avait en quelque sorte vendus.

On pense que ce dénouement ne me contenta qu'à moitié. J'allai pleurer dans le gilet du directeur des forêts, je déposai mon repentir aux pieds de M. de Mahy, le ministre d'alors. Plus fort que ça, je contai l'aventure à M. Grévy en personne — lequel, à vrai dire, me parut le plus franc, le plus conciliant et le plus indulgent de mes juges. Mais nous n'en demeurâmes pas moins bannis, moi et mes amis, des hectares que nous avions enrichis — rappelant, dans notre détresse, le paysan qui voit récolter par un autre la moisson qui lui a coûté des journées de labour et des frais d'ensemencement. Mon cas fut, paraît-il, discuté en conseil des ministres et ma grâce provoqua une question de cabinet. Je n'ai à cette heure qu'une consolation. C'est que, de ce cabinet (que j'appellerai le cabinet des lapins), nul membre ne subsiste. Le brigadier qui m'a trahi, l'inspecteur qui a instruit contre moi, le conservateur qui a ratifié sa rigueur, le directeur des forêts qui m'a sacrifié, le ministre qui m'a lâché — aucun de ces personnages n'occupe aujourd'hui ses fonctions d'alors. Il n'y a plus en place que M. Grévy —

qui préside toujours la République, et moi — qui massacre toujours des lapins.

On m'accusera de me répéter, en revenant sur mon aventure, mais cela m'est égal. Tant que je l'aurai sur le cœur, j'en ferai volontiers le récit... Ça me soulage et ça ne nuit à personne !

Je suis à Compiègne, qu'on me permette d'en dire deux mots :

Voilà une belle forêt — vraiment royale et admirablement percée. La moindre route de refend ouvre aux regards des horizons imposants et majestueux. Quel que soit le temps, — que le soleil brille ou que les nuages cachent l'azur — qu'il vente ou qu'il pleuve — c'est une succession de tableaux incomparables où la lumière produit des « sous-bois » que la palette de Diaz et de Daubigny n'a qu'imparfaitement rendus. Ajoutez à cela des clairières où s'épanouissent les violettes et les muguets en quantité inouïe, et des étangs, qui sont de vrais lacs — auxquels les aurores naissantes ou les approches de la nuit communiquent une poésie tout écossaise. N'oubliez pas non plus le château de Pierrefonds, qui dresse, au-dessus des cimes verdoyantes ou dénudées, l'arête dentelée de ses toitures, et le profil grimaçant de ses gargouilles, et vous vous ferez encore une idée imparfaite des séductions de ces paysages sans pareils. Le menu gibier — dois-je le répéter après l'exposé de ma déconvenue ? — n'abonde point à Compiègne. En revanche, les grands animaux n'y manquent point et les sangliers — qui me fourniraient, si j'avais plus de place, le récit d'une autre odyssée personnelle — s'y offrent fréquemment aux prouesses des vautraits.

Les massifs de Chantilly, de l'Aigue, d'Hallatte et de Villers-Cotterets présentent des particularités analogues.

La forêt de Fontainebleau, avec ses accidents de terrain, ses chaos de rochers, ses monts abrupts et ses sapinières mystérieuses où le vent gémit des mélodies éoliennes, est de beaucoup la plus pittoresque... Elle a — pour employer des termes qui rendent bien les impressions de mélancolie et les sensations alpestres qu'elle provoque — une physionomie et un caractère helvétiques. C'est la Suisse, avec la distance en moins. Son seul tort est de présenter ses tableaux incomparables aux portes de Paris. S'il fallait dévorer deux cents kilomètres pour les aller contempler, elle aurait plus de clientèle et de notoriété. La variété de ses sites est réellement surprenante. On se croirait au bout du monde quand on descend au fond des ravins désolés où des grès énormes émergent comme des dolmen, des houx épineux et des bruyères inextricables — et puis on se sent en pleine civilisation lorsqu'on débouche en un vaste carrefour au centre duquel s'élève, sur un socle de pierre, la croix qui sert de ralliement aux équipages. Ici un désert dont nulle clameur, nul bruit, pas même un chant d'oiseau ne troublent la solitude. Là, un parc superbe aux allées rectilignes,

foulées par des cavaliers et des landaus. Plus loin
ce sont des futaies séculaires sous lesquelles on
pénètre avec respect. Les hêtres qui dressent d'un
seul jet, à soixante mètres de hauteur, leurs troncs
droits et polis, donnent l'illusion des piliers alignés
d'une église gothique. Des silences de cathédrale,
des majestés de temple règnent sous leurs ombrages.
On se sent l'esprit envahi par un recueillement sacré,
tandis que l'âme plane — par-dessus les voûtes
vertes — pour penser qu'un Dieu seul a pu faire
jaillir de terre ces végétaux géants, témoins de mille
printemps et vainqueurs de tant d'hivers!

Il faut le bruit d'un écureuil sautant d'un chêne à
l'autre ou la tumultueuse chevauchée d'une harde de
cerfs pour vous tirer de ces pieuses rêveries. Mais
ne comptez point sur ce chevreuil ou le lapin pour
vous ramener à la réalité. Le nombre des chevreuils
a été réduit à 0 par des tireurs trop avides, et le dernier lapin a été fureté — il y a belle lurette — par
l'administration.

En sorte que je me demande ce que les adjudicataires des lots de Fontainebleau peuvent bien
occire. Les dix cors et les ragots étant réservés
aux laisser-courre, il ne leur reste qu'à se tuer
entre eux — ce qui constitue un sport monotone
et restreint.

Cela n'empêche pas les fonctionnaires forestiers
préposés à la garde de la forêt de Fontainebleau
d'être d'un commerce charmant. Quiconque a appro-
ché le conservateur, M. de Gayffier, et l'inspecteur,

M. Croizette-Desnoyers, a subi les séductions d'une exquise urbanité et compris que ces messieurs ne sont intraitables en matière de chasse qu'en vertu d'ordres émanés de haut. Ils ont du zèle mais ils ne font pas de zèle — nuance qui s'affirme s'il leur advient d'adresser quelque observation à un étourdi ou à un réfractaire.

J'ai omis à dessein de mentionner des bois suburbains comme Marly, Senart, Bondy et Clamart, où l'on ne rencontre que le gibier qu'on y a mis. Cela m'entraînerait d'ailleurs à parler du bois de Boulogne (où mon chien a fait lever une bécasse avant-hier), et du Bois de Vincennes (où le lapin tenace n'a pas dit son dernier mot). J'aurais pu, il est vrai, mentionner Meudon, dont le locataire, M. Bamberger, s'est vu imposer par l'État la servitude la plus criante qu'on puisse imaginer. Je veux parler de la présence facultative, dans ses massifs, des troupiers, des cuisinières et autres amoureux en plein air.

De deux choses l'une : ou le gouvernement veut réserver ses bois aux promeneurs ou les livrer — moyennant finances — aux chasseurs qui en acquièrent ainsi la jouissance plénière... Il ne peut en concience exiger « l'argent et la marchandise ».

J'ai été fort étonné que la presse n'ait point pris plus à cœur le cas de M. Bamberger, obligé d'accueillir sur des terrains qu'il paie au centuple de leur valeur locative une population de galants et de rôdeurs qui troublent le gibier, et ne dédaignent point de lui passer, à l'occasion, une cravate de laiton au cou. Mais on m'a conté que M. Bamberger proclame volontiers qu'il n'aime pas les journalistes.....

Ainsi s'explique leur silence : il est tout naturel que mes confrères défendent qui ne les hait point et lâchent qui les déteste. En ce qui me concerne, je passe par-dessus les sympathies ou les antipathies de M. Bamberger pour déplorer que l'État l'expose — s'il tire un de ses faisans — à priver l'armée française d'un de ses meilleurs soldats ou à fermer à jamais les paupières d'un cordon-bleu, passé maître dans la confection des gibelottes !

XXIV

L'ILE DE PUTEAUX, PROPRIÉTÉ DU BARON DE ROTSCHILD. — UN TAILLEUR SANS BATEAU. — UN HUISSIER GRISÉ. — LE LAWN-TENNISS.

Je viens d'apprendre que l'île de Puteaux, propriété du baron de Rotschild, a été vendue sur la mise à prix de huit cent mille francs. On aurait eu tort de compter sur moi pour les enchères. Et, pourtant, j'ai toujours rêvé la possession d'une île — escarpée ou non. Et séparé du commun des mortels par une enceinte d'eau qui rend un domicile difficilement accessible et n'avoir, avec les continents, que les rapports indispensables aux exigences de la vie matérielle, m'a toujours paru le comble de la félicité. Ce n'est pas que je sois misanthrope : j'aime à choisir mes relations et à n'ouvrir ma porte qu'à ceux qui me plaisent. Voilà tout. Or, rien ne se prête mieux qu'une île à cette combinaison.

Un de mes anciens condisciples dont l'adolescence fut particulièrement agitée et qui — ainsi qu'il advient souvent — est aussi grave et aussi gourmé aujourd'hui qu'il fut jadis fantaisiste et désordonné, avait acquis une île dans la haute Seine pour un prix relativement modique. Il vivait là, en joyeuse compagnie, séparé de ses créanciers par deux bras de rivière dont la protection lui était souvent efficace. J'assistai, un jour, à certain colloque qu'il eut avec un tailleur, auquel il refusait d'envoyer son bateau. Pour être admis dans les États de ce Robinson boulevardier, il fallait siffler trois fois de la rive opposée. Le tailleur, qui, je ne sais comment, avait été initié à ce signal, se croyait déjà dans la place, quand il fut reconnu... L'infortuné avait fait le voyage de Paris; il se souciait peu d'y revenir bredouille. Il entra donc en arrangement. Le pays s'est longtemps amusé des termes de l'entretien à distance qu'il eut avec son débiteur.

— Voulez-vous cinq louis d'acompte! lui criait ce dernier en se faisant un porte-voix de ses mains.

— Oh! que c'est peu sur une note de deux mille francs! répondait le tailleur par le même moyen.

— C'est à prendre ou à laisser.

— Venez d'abord me chercher, nous nous entendrons.

— Et votre sœur est-elle heureuse?

— Le bonheur de ma sœur ne vous regarde pas!

De guerre las, le malheureux accepta la transaction. Un pêcheur, au service de l'insulaire, lui apporta un billet de banque qu'il empocha mélancoliquement.

Autre épisode. Un huissier, mieux avisé, loua un

bateau dans les environs et aborda bravement. Il apparut, menaçant, dans l'oasis, à la fin d'un déjeuner en plein air qui s'était prolongé fort avant dans l'après-midi : on l'invita à prendre du café. Il résista d'abord et puis se laissa fléchir. Bref, des rincettes successives l'amenèrent à un attendrissement tel qu'il s'en alla d'un pas légèrement inégal et, avant de remonter dans son embarcation, il voulut embrasser celui qu'il était venu saisir.

Je crois même que, dans un accès de générosité — comme la fine champagne seule en inspire — il jeta dans la Seine, les papiers timbrés qui émergeaient de ses poches... Si ces lignes tombent sous les yeux de l'austère fonctionnaire — qui étudiant alors — savait si habilement échapper aux poursuites des philistins, j'imagine qu'il aura l'esprit de sourire et ne m'en voudra pas d'avoir évoqué cette phase de sa turbulente jeunesse.

Je suis loin de supposer que M. de Rothschild ait jadis acquis l'île de Puteaux dans un but analogue. Il n'a jamais eu, même en son jeune âge, les penchants orageux du magistrat susdit, et sa position lui a toujours permis de régler son chemisier à la première présentation de sa note... Je crois plutôt que le mobile de l'achat a été les attraits de cette langue de terre, ombragée d'arbres magnifiques qui cachent la vue peu réjouissante de Suresnes, et dont les sites pittoresques rappellent certains coins de la

Touraine. Il est rare de trouver accumulés — dans un espace aussi restreint — des horizons plus agrestes, des prairies plus grasses et des berges plus riantes.

Lorsque survint la Commune, les bâtiments de plaisance ou de rapport élevés au centre de ce nid de verdure furent saccagés, et le baron, écœuré par ces actes de vandalisme bête, ne les fit point réparer. Peu à peu il se désabitua de la sympathie qu'il avait pour ce domaine où se dressaient, sous forme de ruines, les preuves de la malveillance et de l'ingratitude des hommes (il faisait beaucoup de bien aux alentours), et voilà qu'aujourd'hui il s'en est défaite, en dépit des difficultés que présentait un pareil encan.

Le nombre est limité des amateurs qui peuvent mettre un million à une île... Et puis, il y a la concurrence! Un lieutenant de vaisseau m'a juré qu'un roi nègre de l'Océanie, propriétaire d'un archipel très fourni, en échangeait de beaucoup plus vastes contre un caleçon de flanelle ou un carafon de cognac — et qu'il abandonnait, avec le terrain, une population composée de gaillards superbes, portant au nez leur anneau de mariage, et de femmes peu farouches, ayant pour tout costume un tatouage au bas du dos... Quand bien même l'île de Puteaux eut regorgé de cannibales, je doute que l'illustre banquier l'eût cédée pour un pantalon ou une bouteille d'eau-de-vie... Sa garde-robe et sa cave en sont trop largement pourvus. L'adjudicataire a donc fait sagement d'aligner des espèces sonores et ayant cours.

Tout me porte à présumer que l'île de Puteaux est devenue la proie de quelque société financière qui la morcellera et en débitera des tranches à des taquineurs de goujons et à des débitants de piccolo.
Nous aurons Asnières en face de Longchamps. Je préférerais pourtant voir s'installer en ces parages des cercles de sports aristocratiques et élégants — semblables à celui que vient de fonder le vicomte de Janzé à la pointe inférieure du territoire en question.

Les promeneurs qui descendent le quai de Saint-James ont remarqué quelque cent mètres avant le pont de Neuilly, un escalier de bois faisant face à un débarcadère, où se balancent des yoles luxueuses et des nacelles d'acajou. Au premier appel, une barque stable, garnie de coussins, se détache de ce petit port et vient chercher les membres du Lawn-Tenniss-Club, arrivés, ceux-ci à cheval, celles-là en landaus et en victorias, dont les attelages et la tenue trahissent une aisance sérieuse. J'ai écrit « celles-là » parce que les femmes sont admises au Lawn-Tenniss-Club, — lequel se distingue en ce point de tous les cercles connus.

Mais on n'y entre point comme au moulin. Les aspirants et les aspirantes sont l'objet d'une présentation en règle et d'un vote méticuleux. Les dames elles-mêmes subissent le terrible ballotage sans lequel il n'y a point de cercle sérieusement fermé.

L'entreprise est à son début, et d'ores et déjà, je lui prédis un grand succès. Le dessinateur qui a tracé les méandres des jardins, et l'architecte qui a bâti les constructions anglaises et les halls de garage en pitch-pin — où sont distribués les salons, les vestiaires, les cabinets de toilette, le restaurant et les embarcations — sont gens de goût affiné et de sens pratique. Les friands de canotage et de courte paume trouvent, là, le confortable britannique marié au chic parisien. Les meubles, les lavabos, la vaisselle du service de la bouche, tout affirme une entente parfaite des exigences artistiques de notre époque et les maîtres d'hôtel qui circulent au travers des parterres fleuris, avec des plateaux chargés de sorbets et de sandwiches, ont plutôt des allures d'ambassadeurs que des façons de domestiques.

Lorsqu'il m'a été permis de pénétrer dans cet éden, je suis tombé en pleine partie de lawn-tenniss. Deux jeunes et jolies femmes luttaient contre deux gentlemen vêtus, comme elles, de flanelle galonnée, et armés, comme elles, de ces solides et longues raquettes anglaises qui renvoient si bien la balle heurtée par leurs mailles de corde à violon... Ces messieurs, troublés sans doute par les grâces de leurs partenaires, m'ont paru d'une infériorité accusée.

Mettons qu'ils étaient plus galants que maladroits, et passons, car je ne veux point m'attarder à des fadeurs : je préfère parler du lawn-tenniss qui a complètement détrôné le crockett de fastidieuse mémoire.

J'ai longtemps pratiqué le crockett — mais sans enthousiasme. Il m'a toujours paru ridicule et fatigant de courir après une sphère de bois crossée par un marteau de même... métal et d'attraper des courbatures à insinuer cette boule sous un arceau de fer qu'elle a la malice de ne point franchir. Ajoutez à cela que la poigne de certains adversaires vous envoie promener à un kilomètre et qu'on a souvent dévoré des lieues et des lieues pour perdre une partie sans intérêt... Le crockett m'a maintes fois fait regretter les délassements délaissés du bouchon ou des boules qui exigent de leurs partisans un exercice aussi hygiénique et une non moins bienfaisante dépense de forces.

Le cochonnet lui-même — malgré la trivialité de son nom — est plus amusant que l'éternel crockett, qui a si longtemps obstrué nos pelouses et nos plages. Il existe d'ailleurs, entre lui et moi, une vieille rancune, encore vivace dans ma jambe droite... A Dieppe, j'ai reçu, un tantôt, sur le tibia, une boule lancée avec une vigueur telle que j'ai pensé avoir la jambe cassée. L'auteur de cet attentat involontaire eut beau me faire mille excuses et courir chercher de l'arnica au casino, je n'en boitai pas moins pendant quinze jours. Ce qui me vexa le plus c'est que cette claudication m'était survenue alors que je cherchais à plaire... Faites donc la cour à une jeune fille avec une démarche de canard en détresse! Il n'y a pas de flirtage possible pour celui qui, au milieu d'une phrase incandescente, ressent une douleur qui l'oblige à renouveler, derrière une cabine, le liquide de sa compresse!

Parlez-moi du lawn-tenniss! Vous m'objecterez que votre œil peut servir d'obstacle à une balle qui accommode son orbite au beurre noir; mais le fait est rare. D'abord la balle en caoutchouc n'engendre point de chocs violents et puis les principes essentiels du jeu — qui consiste à faire choir le projectile dans certains carrés situés de chaque côté d'un filet tendu entre les camps adverses — interdisent les fortes « volées... » Il est reconnu que les meilleurs « servants » sont ceux qui ont la raquette perfidement moelleuse.

La place me fait défaut pour donner les règles du lawn-tenniss, qui se joue sur un *cours* gazonné ou asphalté d'environ vingt-trois mètres de long sur huit mètres de large. Aussi, je renvoie au traité qui accompagne les boîtes d'accessoires — vendues chez tous les marchands de jouets — ceux qui seraient désireux de les connaître. La pratique du lawn-tenniss procure au corps de l'élégance, de la légèreté, de la souplesse et de l'adresse, tout en développant les muscles des bras et des jambes et en fortifiant les organes respiratoires. Il n'impose pas à ses adeptes les fatigues et les frais de la longue paume. La moindre villa comme le plus opulent château s'en peuvent offrir les agréments.

Et puis, c'est un sport où la coquetterie et les séductions du sexe faible puisent un surcroît de charmes. Depuis l'âge de quinze ans jusqu'au delà de la trentaine — sauf le cas exceptionnel d'un embonpoint gênant — la femme est réellement ravissante, coiffée de la casquette ou de la toque et vêtue de la jupe courte qui laisse apprécier la finesse de ses chevilles et deviner les rondeurs de son mollet. Le rôle de la raquette l'oblige à prendre des attitudes exquises et l'on n'en peut guère citer qui soient disgracieuses dans le feu de l'action... Les peintres qui *tiennent* supérieurement les scènes féminines — comme Duez — ont demandé au lawn-tenniss le sujet de leurs plus aimables compositions.

Lors de mon dernier voyage à Londres, je fus prié à dîner par un riche marchand de la Cité, qui me présenta à son épouse — un colosse d'une envergure telle que le fauteuil où elle prit place à table avait les dimensions d'un vaste canapé. Jamais, jusque-là, je n'avais vu un aussi surprenant spécimen de développement plastique. Au dessert, mon amphitryon me conduisit devant une aquarelle représentant une miss, mince et fluette comme une asperge, jouant au lawn-tenniss.

— C'est ma femme, me dit-il, à l'époque où je l'ai épousée.

Une voix de stentor ajouta derrière nous :

— Aoh! je né jouai piou à cette jeu!

C'était madame — survenue pour me certifier un renoncement dont je me doutais d'ailleurs.

XXV

CHASSE AU CUL-BLANC, CHASSE DE MAI.

Le joli mois de mai qui, d'après une chanson rabelaisienne, apporte des feuilles dans son giron, amène également un gibier de rivière qui permet au chasseur de ne pas laisser rouiller son fusil. Le nom de cet oiselet, inspiré par la couleur de son arrière-train, manque de poésie... J'imagine, qu'en l'entendant prononcer, le petit animal regrette de n'être pas né fauvette ou rossignol... On l'appelle *cul-blanc!* Les ornithologues, pudiques quoique naturalistes, ont beau écrire que ces gentils échassiers sont des *guignettes*, c'est comme s'ils chantaient. Demandez à un batelier des berges de la Seine ou de la Marne s'il a rencontré des guignettes; il vous répondra : « Guignette? connais pas! » Mais si, bravant la crudité du mot, vous vous informez du passage des culs-blancs, il vous renseigera immédiatement. Les Champenois, eux aussi, se sont révoltés devant ce vocable gaulois, et, remarquant que le bipède, trivialement baptisé, hantait les grèves de préférence, ils l'ont appelé *gravier*... On me permettra, n'étant ni ornithologue ni Champenois (ce que je regrette), d'employer le terme parisien, et si, par mégarde, je je froissais — en m'en servant — les oreilles de mes lectrices, je les conjure de réfléchir qu'après tout, ces deux syllabes équivalent à un compliment — un peu leste, peut-être, mais qui peut se classer dans la catégorie des révélations flattéuses.

Cela dit, je déclarerai, sans périphrases, que le cul-blanc est un rôti excellent qui nous arrive de l'Egypte et de l'intérieur de l'Afrique, tous les ans, à cette époque. Il paraît en France — comme les étrangers — au commencement de mai et rentre dans ses foyers vers la fin d'août — suivant, à l'aller et au retour, la route des fleuves. Les veneurs, que la suspension de laisser-courre désarçonne et les tireurs qui n'ont même plus les lapins à leur disposition, se rabattent sur ces migrateurs et leur font une guerre d'autant plus attrayante qu'elle s'effectue en canot, dans une belle saison et sans nécessiter une adresse extraordinaire. On a comparé, à tort, le cul-blanc à la bécassine, car si leur chair a quelque analogie, leur forme extérieure ne se ressemble pas et leur vol diffère absolument.

Le cul-blanc, qu'on dérange dans sa paix, file directement devant lui, tandis que la bécassine se livre à des crochets qui désespèrent les plus habiles. De plus, il n'est pas commode de retrouver la bécassine envolée, tandis que le cul-blanc levé va se poser généralement sur la rive, cinquante mètres plus bas. On pourrait croire qu'ainsi pourchassé, il finit par mettre entre son ennemi et lui des distances considérables : ce serait une erreur. Dans sa naïveté, il pense avoir dérouté ou découragé ses adversaires et se moque *in petto* de leur maladresse au moment même où ils fondent à nouveau sur lui et le criblent de leur plomb meurtrier. « Bête comme un cul-blanc » est une — expression très usitée dans la Haute-Seine — contre laquelle je proteste, car ce qu'on dit être de la bêtise chez cet animal n'est autre chose qu'un excès de confiance. Où diable aurait-il appris que l'homme lui en veut? Ce n'est pas dans son pays natal, au fond des solitudes marécageuses qui avoisinent le Nil, sous le regard impassible des sphinx immobiles et à l'ombre tournante des grandes pyramides!

Le seul humain qu'il y ait aperçu est quelque fellah mélancolique, dont il n'a pas excité la convoitise. Ses camarades du centre de l'Afrique ignorent comme lui les cruelles fusillades des chasseurs, vu que leur commerce avec les noirs est nul ou tout au moins pacifique, et que le blanc — par le hasard conduit dans leur zone — est généralement un explorateur féru d'autres desseins que d'assassiner un inoffensif volatile.

Ainsi qu'on pense, j'ai beaucoup pratiqué dans ma vie la poursuite des culs-blancs. J'avais jadis, pour diriger mon bateau le long des bords, un rameur adroit, nageant sans bruit et m'amenant presque sur la troupe remisée derrière des roseaux, dans les anses que la végétation fluviale n'a pas envahies. Il est mort.

Depuis l'établissement des barrages qui maintiennent la Seine à un niveau constant, ce genre de chasse donne des résultats bien moins heureux — en ce sens que la bête n'est point retenue sur les berges boueuses que les eaux découvraient en baissant. Le cul-blanc se régalait autrefois en fouillant la vase, de vers et d'insectes aquatiques. A cette heure, la Seine lui offre rarement l'occasion de festiner et il préfère les rivières que MM. les ingénieurs de la navigation n'ont point canalisées; c'est plutôt la Marne et ses affluents qu'il fréquente.

Quoi qu'il en soit, j'ai encore brûlé une trentaine de cartouches, dimanche, dans la portion de Seine qui sépare Montereau de Thommery... En racontant ici mon expédition, j'ai pour intention d'apprendre à ceux qui voudraient m'imiter la façon de procéder agréablement et utilement.

Tout d'abord, il faut avoir l'énergie de se lever matin et le courage, plus considérable, de se coucher la veille de bonne heure. Le Parisien, habitué à s'étendre dans son lit vers deux heures de la nuit, admet difficilement que cette opération se puisse effectuer à huit heures. Il faut la nullité des distractions d'un village de deux ou trois cents habitants pour le déterminer à demander son flambeau à l'aubergiste et à gagner sa chambre. J'avais, moi malin, retardé ce moment difficile en acceptant la partie de billard que me proposa un commis voyageur en mercerie. Le billard, le partenaire, les queues, les billes, tout allait de pair dans ce tournoi où je fus honteusement battu.

L'éclairage piteux de la pièce, confié à deux lampes à pétrole, conspirait d'ailleurs contre moi ; on ne distinguait pas les objets à un mètre. Plus d'une fois, je dus appeler mon adversaire pour me convaincre qu'il n'avait pas déserté la place ! Ajoutez à cela un billard grand comme le Champ-de-Mars, sur lequel roulaient, en grondant, des billes grosses comme des noisettes. Quant aux bandes, j'en ai rarement vu de plus fantaisistes.

Caramboler dans ces conditions n'était pas commode... Je soupçonne que ma défaite doit être moins attribuée à ma maladresse qu'à la connaissance parfaite que le commis voyageur avait du champ de bataille. Initié par une longue pratique aux imperfections du terrain, il évitait la bande de droite qui produisait des effets... sans cause, et certaines rigoles où ma bille ébréchée échouait tout à coup — contre toutes les règles de la dynamique et de la balistique. Je m'avouai vaincu et payai l'enjeu (deux cassis) avec une noblesse et une dignité qui fit l'admiration de la galerie (deux débardeurs du quai). Je poussai même la courtoisie jusqu'à tendre la main au triomphateur dont je me disposais à prendre congé, quand il m'entraîna dans un coin. Là, me frappant familièrement le creux de l'estomac :

— Vous m'avez l'air d'un gaillard, me dit-il en fermant l'œil droit, et je parie que vous devez connaître des couturières.

Je m'attendais si peu à cette interpellation, que je restai coi... Le commis voyageur, prenant mon silence pour un aveu, poursuivit:

— Vous en connaissez! J en étais sûr. Eh bien ! vous pouvez m'être très utile en leur recommandant les agrafes Sarah Bernhardt, fabriquées par la maison que je représente.

Et, avant que j'eusse proféré une parole, il m'avait fourré dans la main un prospectus où s'alignaient des prix courants et une notice apprenant à l'univers civilisé que l'agrafe Sarah Bernhard avait valu à son inventeur une croix étrangère, deux brevets et les compliments d'un ministre péruvien.

Le lendemain, le soleil levant dorait déjà la campagne quand je montais dans le bateau de pêche qu'occupait un rameur engagé, en mon nom, par l'hôtelier. Cet indigène m'attendait patiemment en dévorant avec un appétit, inconnu des citadins, un morceau de boudin froid que son pouce assujettissait sur une énorme tranche de pain bis. Du boudin froid à six heures du matin!... Il faut un estomac en zinc pour digérer une pitance pareille ! Le spectacle de cet étrange repas me barbouilla le cœur, mais la fraîcheur du matin et l'espoir de nombreuses victimes dissipa bientôt mon malaise:

— Y-a-t-il beaucoup de culs-blancs ? demandai-je.

— Y en a *cor* plus que l'an dernier, répondit l'amateur de charcuterie. Fallait les entendre hier au soir. Ils *cuitaient* comme des bougres...

Le verbe *cuiter*, spécial à ces parages, est imitatif. Il rend assez bien le *cuit! cuit!* poussé par les culs-blancs pourchassés. Le pain et le boudin avaient disparu dans l'œsophage du rameur — enfoncés finalement par une forte lampée de picolo bu à même un litre couché sous la levée de l'embarcation. Nous descendîmes le fleuve pendant quelques minutes sans rien rencontrer, mais au détour d'une petite digue gazonnée, une compagnie d'au moins vingt sujets prit son essor... Je lâchais mes deux coups de fusil, l'un après l'autre, — m'attendant à une hécatombe.

— C'est pas cul-blanc qu'il faut dire, s'écria mon rameur avec un éclat de rire ironique, c'est chou\ blanc !

J'étais horriblement vexé. Comment, rien ! Pas un oiseau ! Je n'en croyais pas mes yeux qui cherchaient à la surface de l'eau un cadavre consolant pour mon amour-propre.

— Vous aurez beau regarder, poursuivait le batelier avec sa méchante grimace, vous avez raté votre affaire. C'était pourtant pas bien difficile, il n'y avait qu'à tirer dans le tas !

Vous dire combien ce batelier m'agaçait !... Il m'avait déjà indisposé avec ses écœurantes bouchées de boudin froid. Ses paroles gouailleuses n'étaient point pour me le rendre sympathique.

— Avançons, lui dis-je d'un ton bref.

— Je sais où est la remise... Je vas vous y mener !

Chemin faisant, je regardai machinalement une de mes cartouches. O stupeur ! elles étaient chargées de plomb n° 6 — alors qu'il faut du 10 pour un aussi menu gibier. Les armuriers étant excessivement rares dans les joncs qui s'épanouissent sur les rives des fleuves, je n'avais point la ressource d'acheter d'autres munitions. J'en pris mon parti. Seulement, pour prévenir les railleries de mon guide, je lui contai ma mésaventure :

— La grosseur du plomb ne signifie rien, me répondit-il d'un ton à la fois méprisant et protecteur. Le tout c'est de « mettre au droit. »

Quelle brute ! j'avais des envies de le noyer, mais sa carrure de taureau et ses mains de gorille me laissaient craindre une résistance sérieuse.

— Attention:... nous y v'la ! dit-il à voix basse.

Il ne se trompait point : la même compagnie s'envola. Il faut croire que « je mis au droit » cette fois-là, car huit culs-blancs blancs flottaient, la tête submergée, sur la nappe bouillonnante de la rivière très rapide en cet endroit.

Le canot fut dirigé sur mes victimes que je recueillis, une à une, avec une certaine volupté ; malheureusement, la grosseur de mon plomb, qui les avaient atteintes sans trop d'écart, en avait litéralement haché cinq.

— Peut-on mettre du gibier dans un état pareil ! s'écria mon conducteur.

Je n'espérais certes pas des compliments, mais franchement, je ne prévoyais pas un débinage aussi effrontément systématique !... Et, me croiriez-vous si je vous dis qu'à ce moment, comme nous passions devant le cabaret borgne d'un port, le drôle eut l'impudence de me dire :

— Payez-vous un cognac ?

Du cognac ! Plus souvent ! Je refusai net.

J'éprouvais quelque jouissance à penser que son boudin incommodait ce rustre et l'idée de le voir étouffer sous mes yeux me souriait presque ; mais, sans se déconcerter, il reprit son litre de picolo qu'il finit d'un trait et, essuyant sa moustache rousse avec sa manche, il s'excusa de son indiscrétion dans ces termes:

— J'avais cru que vous étiez un bon zig... N'en parlons plus !

Puis il alluma une pipe dont le vent rabattait sur moi les nuages empestés, et reprit le travail régulier de ses avirons.

Malgré mon plomb dont la dimension triplait les difficultés de mon tir, j'étalais le soir même dix-huit culs-blancs sur la table de l'auberge — au grand ébahissement du patron qui s'en adjugea deux avec une désinvolture charmante, sous prétexte que « je ne mangerais jamais tout ça. » Quant au nommé Baptiste — mon aimable rameur — il soupesa d'un air méfiant la pièce de cent sous que je lui tendis, pour sa peine... Je lui sais presque gré de ne pas m'avoir traité de faux monnayeur !...

Si l'idée d'aller chasser le cul-blanc dans les environs de Montereau germe dans votre cerveau, rappelez-vous deux choses : prendre du petit plomb et ne pas prendre Baptiste !

XXVI

PROMENADE DU MATIN

A l'exception de quelques boulevardiers endurcis qui n'admettent d'autre excursion que d'aller de Tortoni à la Madeleine les jours où il ne fait ni trop chaud ni trop froid, presque tous les Parisiens ont conscience de la nécessité de l'exercice dans des espaces vastes et découverts. C'est un instinct qui existe chez le riche comme chez le pauvre. Les ouvriers affluent au Bois de Vincennes et les bourgeois au Bois de Boulogne. Je ne rappellerai point — en disant aux premiers et aux seconds qu'une promenade dominicale est insuffisante pour le fonctionnement régulier de leur organisme — le médecin qui prescrivait, à un menuisant poitrinaire, des rumsteaks et du château-laffite. Tout le monde n'a pas les loisirs et les moyens de consacrer ses matinées ou ses après-midi à des courses lointaines. Mais les bienheureux qui ont trouvé des rentes dans leur berceau, et les fonctionnaires ou les artistes qui ne sont pas tenus de travailler à heure fixe, tombent sous le coup de mes reproches : ils devront méditer mes conseils et profiter de mon expérience de marcheur.

Le baron Haussmann qui a, le premier, assaini Paris en créant des squares, en élargissant les rues et en provoquant la construction d'immeubles aérés et gigantesques, déplorait qu'il ne pût arracher à la Bâtisse, dans l'intérieur de notre capitale, de vastes superficies qu'il eût boisées et dont il eût fait des parcs immenses semblables à ceux qui font de Londres la ville saine entre toutes les villes européennes. Il s'est rejeté sur le Bois de Boulogne, qu'il a embelli de son mieux, et auquel il a donné toutes les attractions capables de vaincre la nonchalance du citadin moderne.

Les interprètes de la volonté du grand préfet ont peut-être dépassé le but en creusant des lacs et des rivières artificiels dont les ondes ne sont pas très catholiques et exhalent parfois des soupirs déplaisants. Il fallait, à ces mares et à ces ruisseaux, des pentes rapides entraînant leurs ondes dans un mouvement quasi torrentiel et non pas un écoulement paresseux permettant la formation et le dégagement de gaz insalubres distillés par les vases profondes. Ajoutez à cela les « guanos » incessants dont les oiseaux aquatiques saturent le liquide qui les porte, et vous comprendrez que les pièces d'eau du Bois soient plus plaisantes à la vue qu'à l'odorat.

Il est clair que le monsieur ou la dame qui ont cartonné ou polké toute la nuit ne sont point enclins à se lever de bon matin pour gravir la montée de l'Arc-de-Triomphe. Par contre, les gens raisonnables qui se sont couchés à minuit et ont dormi du sommeil du juste huit heures durant, ne font aucune grimace quand leur valet de chambre les réveille... A ceux-là il ne faut point — comme disait Nadar — ouvrir les paupières avec des pinces à ouvrir les huîtres ou annoncer — ainsi que l'écrivait Murger — qu'ils sont décorés pour les mettre en belle humeur. Un simple appel leur suffit et ils s'habillent incontinent, en prenant leur thé à la hâte.

La correction pschuteuse exige qu'ils se chaussent de souliers de cuir souple, à semelles épaisses et à talons bas — qu'ils revêtent un complet de *home-spun* — (lainage écossais, chaud et léger) — qu'ils se coiffent d'une cape marron ou d'un feutre gris — qu'ils sifflent leur toutou (les caniches, les chiens-loups et les énormes danois gris de fer ont successivement été de mode) et qu'ils s'arment d'un bâton quelconque (le suprême du genre est, à cette heure, la canne tire-cartouche — une canne destinée à débarrasser le canon du fusil obstrué par la douille d'une amorce. Ce stick est surmonté d'une pomme portant, gravé, le nom d'une chasse à soi ou à autrui).

Ainsi équipé, accoutré et armé, le piéton-promeneur remonte les Champs-Élysées. Il salue les cavaliers qui ont pour objectif les foulées de Bagatelle sourit aux jolies personnes matinales qui vont en poney-chaise achever la conquête du rastaquouère entrevu la veille au théâtre, et rattrape parfois un camarade attristé, qui, à la suite d'une « culotte » au *poker*, ne s'est pas couché, a pris un *tub* et a changé de tenue. Ce guignard lui raconte les trahisons du *flusch*, les perfidies du *full* et les cruautés du *bluf*, et il écoute ses doléances avec un sourire égoïste...

Le rond-point de l'Étoile est atteint ; à l'entrée de l'avenue se tiennent déjà les mélancoliques du *Club des pannés* — ceux qui n'ont pas le gousset assez replet pour s'offrir une monture chez Pellier, et qui, n'ayant point de fortune, regardent passer la fortune... J'entends la victoria à deux chevaux de madame X..., le *mail* du comte Z..., le pur sang du commandant A..., le *cob* du banquier B... et le *dogcart* du gros C...

Nos promeneurs enfilent le côté gauche de l'avenue, et commencent alors une succession de coups de chapeaux si drus et si fréquents qu'à la fin le bras exécute sa corvée d'un mouvement automatique. Le salut varie avec l'importance et la qualité de la personne saluée. A la petite chose, un bonjour de la main appuyé d'un clignement d'œil suffit ; mais si vous tenez à ce que la belle comtesse *** continue à vous admettre à ses *five o'clock*, vous devez agir selon les dernières règles prescrites : saisir votre coiffure d'un mouvement brusque et l'abaisser lentement jusqu'à votre rotule droite, en décrivant dans l'espace une courbe solennelle, et majestueuse.

Vous vous recouvrirez avec lenteur, quitte à attraper un rhume de cerveau et à éternuer ensuite au nez de vos autres connaissances.

Il fait beau ; l'air est vif, excitant et piquant : ces messieurs franchissent la grille de la porte Dauphine, et les voilà dans le bois... Les moineaux — en mal de fiançailles — piaillent dans les arbustes dont les rameaux extrêmes commencent à bourgeonner. Une odeur spéciale aux approches du renouveau se dégage du sol ; l'allée des Acacias, dont les horizons se perdent dans une brume d'un ton gris et fin, est sillonnée par quelques coupés où se tiennent blotties des femmes au visage amaigri. Elles sont venues, par ordre du médecin, respirer les effluves printaniers. Des couples (sacrés et profanes) cheminent sur le trottoir, à pas pressés, tandis que leur voiture les suit à distance respectueuse.

De l'allée des Poteaux dont je parle plus loin, et des chemins cavaliers si souvent décrits, je ne soufflerai mot, car c'est toujours le même public d'écuyers et d'amazones chevauchant au galop contenu des mêmes chevaux bien mis... Et ce sont des « Bonjour, cher » et des « comment va » qui s'entrechoquent chaque matin, à la même heure, proférés par les mêmes bouches au même endroit, et entrecoupés par les mêmes détonations du tir aux pigeons. Après quoi tout ce monde retourne vers la côtelette qui l'attend, les joues rosées par la brise et content de la vie.

Seuls, se sont attardés, dans les massifs, des chercheurs et des chercheuses de violettes... Aux environs de la pelouse de Longchamps se trouve un cimetière abandonné qui, dans la saison, en est tapissé en telle abondance que les pierres tumulaires et les dalles des caveaux disparaissent sous leurs corolles embaumées. Les morts qui reposent là ont sans doute fertilisé le terreau de leur enveloppe matérielle... Et la chaleur du soleil, à midi, fait monter dans l'éther le parfum des fleurettes écloses sur le champ de l'éternel sommeil !

XXVII

L'ALLÉE DES POTEAUX

Personne n'ignore l'importance de l'équitation dans la vie d'outre-Manche, et je crois inutile de recopier ici le carnet du Londonien qui, à la page des dépenses mensuelles, portait ces mots :

Thé	Quarante sous
Savon	Cinquante centimes
Cheval	10,000 francs

Eh bien, Parisiens, tressaillez d'aise ! De l'avis des Anglais eux-mêmes — des Anglais si fiers de leur Hyde-Park avec son Rothen-Row — l'Allée des Poteaux, au bois de Boulogne, est devenue le plus complet, le plus pittoresque, le mieux fréquenté de tous les rendez-vous équestres connus. Enfoncés le Prater de Vienne, les Graben de Berlin, le Retiro de Madrid et les futaies de la Cambre à Bruxelles ! Auprès de l'Allée des Poteaux, ces centres de cavalcades célèbres ne sont que de vulgaires chaussées battues par des rosses de troisième ordre... Au dire d'un explorateur — qui a parcouru l'Afrique dans tous les sens, — il n'y a eu qu'un site comparable à l'Allée des Poteaux : c'était un sentier bordé de palmiers nains situé aux portes de Magdala, capitale de l'Abyssinie. Là, toutes les après midi, sous un dôme végétal, impénétrable et mystérieux, les amazones de la garde du défunt Négus Théodoros venaient faire leur « persil »... En hiver, leur costume se composait uniquement d'un bambou qu'elles tenaient sous le bras droit et d'une bouteille de ratafia qu'elles tenaient sous le bras gauche. En été, le bambou étaient remplacé par une seconde bouteille de ratafia... Les modes hippiques du bois de Boulogne sont moins sommaires. — Affaire de climat et de convention.

L'allée des Poteaux, qui a son amorce aux environs de la Porte-Dauphine, aboutit à la grille de Boulogne. Le décor est joli à souhait ; la route est large, ombreuse et soigneusement arrosée. Des frondaisons nouvelles, qu'émoustillent et sollicitent les brises printanières, parfument ses méandres de senteurs délicieuses. Les lointains, encadrés de verdures naissantes, ont des tons fins et cendrés, qui eussent découragé la palette de Corot lui-même. Çà et là, au travers des branches, une flèche d'or décochée par le soleil, pique d'une tache lumineuse le sol gris, tapissé d'un sable moelleux. Pour compléter le tableau, imaginez dans cet incomparable milieu, des escadrons de cavaliers élégants et des escouades de femmes du meilleur monde galopant des chevaux de prix.

Avant dix heures, la piste n'est foulée que par des amateurs consciencieux ou par des militaires appartenant à l'infanterie... Un mot à ce sujet.

Se basant sur l'embonpoint de la majorité des officiers de cavalerie, des langues légères affirment que l'équitation engraisse. Erreur! La selle « profite » à ceux qui n'en usent pas et il est de notoriété publique que l'officier de cavalerie chevauche moins que qui que ce soit. Un observateur a écrit : « Le fantassin monte à cheval quelquefois, le cavalier jamais, le marin toujours. La première pensée de l'enseigne de vaisseau qui débarque est de courir au manège. »

Mais revenons à l'Allée des Poteaux.

Son public est presque toujours le même... Avant-hier, j'ai noté sur mon carnet les noms des ses habitués à mesure qu'ils passaient.

Ce sont le comte Arthur et le vicomte O. Aguado, marquis et marquise de Cuadra, M. Duhamel, baronne Poisson, M. et Mme de Breuvry, général Fleury et son fils, maréchal Canrobert, princesse Ghika, le duc de Magenta, le comte de Saint-Roman MM. Arnaud, Chabot, Mackensee, Talabot, Esnaut-Peltrie, Coffinières de Nordeck, Berardi (de l'*Indépendance belge*), Mgr le duc de Nemours — toujours seul et toujours au pas — M. de Jousselin, Mme Alphonse de Rothschild, la duchesse d'Uzès, le duc de la Trémoille, le marquis de Maillé, le comte de Dampierre, le duc d'Ayen, baron et baronne Adolphe de Rothschild, le général Boulanger ! ! ! le duc de Conegliano, sa fille et son gendre, le duc de Lesparre, le comte de Caraman, le comte Potoski, l'ex-abbé Bauer (! ! !), M. de Montgomery, la princesse de Sagan et son bébé (qui galope devant en éclaireur), baronne Erlanger, duc et duchesse d'Albuféra, le général et la générale du Barail, (suivis de leur lévriers noirs), MM. de Laville-Leroux, de la Garders, Moreau, Brohlman, Louis Singer, Henri de Pêne, Bischoffsheim, Benett du *New-York Herald*, de Borda, comte de la Motte, baron Le Harivel, Quiclet (capitaine des chasses du duc d'Aumale), baron d'Etreillis, Couturier, de Bizi, de Livry, Errazu, Ephrussi, de Janzé, de la Redorte, etc.

Et puis, c'est le défilé des peintres : Meissonnier avec sa barbe allégorique de Fleuve des Tuileries, Arcos, Gérôme, Jacquet, Dubuffe, Wilhem, Japy, de Gironde, Escallier... Voici venir aussi l'essaim des jeunes filles quotidiennement accompagnées par les deux meilleurs professeurs de Paris, Jules Pellier et Gabriel Paillard — ou par Coutts, un ancien écuyer de la famille d'Orléans. Beaucoup d'Espagnoles — pas mal de Péruviennes — des Anglaises à foison — toutes charmantes, animées, rayonnantes et bavardes.

Signalons surtout le groupe impétueux des notaires... Si vous apercevez un gros particulier lancé à fond de train et bousculant les promeneurs qui trottinent paisiblement ou se bercent dans les cadences voluptueuses du galop de chasses, tenez pour certain que ce boulet de canon sera, deux heures plus tard, gravement assis dans son étude, où il dira à son principal clerc :

— Passez-moi le carton des régimes dotaux et cherchez le contrat des époux Beaupertuis.

Il y a quelques années, un de ces centaures-tabellions s'attarda, plus que de raison, sous un des abris de chaume nommés champignons. Il pleuvait à verse. A cette époque, les cocottes se hasardaient dans l'Allée des Poteaux. Que vous dirai-je ? Faut-il s'en prendre à l'odeur capiteuse du foin mouillé ou faut-il en accuser les parfums enivrants de l'opoponax, le notaire regagna fort tard — deux mois après environ — son bureau de noyer massif. Il avait, entre temps, mangé avec la demoiselle le fruit de dix ans de minutes timbrées ! Depuis cette ondée fatale, ses collègues appellent le kiosque — théâtre de l'aventure — *le champignon vénéneux*.

A onze heures et demie, l'Allée des Poteaux se vide. A midi, elle est déserte... Plus rien, que les moineaux picorant les « laissers » des coursiers.

Les modes admises par les cavaliers de l'Allée sont assez variées. Les uns, — les anciens — ceux qui jadis jouaient les irrésistibles dans l'avenue Dauphine et sur la chaussée qui mène actuellement à la Muette — les uns, dis-je, tiennent pour la redingote, le pantalon à sous-pieds et le chapeau de haute forme. Les autres — les modernes ont adopté le melon, le veston, la culotte et les jambières anglaises, dites *leggins*. Grosse affaire, que l'accoutrement de ces messieurs ! Ils vont « essayer » chez le culottier qui a dans son arrière-boutique un cheval de bois construit *ad hoc*. On les huche sur le faux dada, et le coupeur s'assure de l'effet produit...

Je sais un cavalier d'élite, M. de L.., qui n'était jamais tombé de cheval. Le mois passé, il s'est fracturé le tibia en descendant de ce coursier d'acajou. Il est au lit pour un mois. Au fond, il n'est qu'à demi fâché de son accident, car il était chaque matin victime de certaine manie familière à « la plus belle conquête que l'homme ait jamais faite. » Le cheval aime d'instinct la compagnie du cheval. En promenade, il s'approchera volontiers d'un de ses pareils, lui tiendra compagnie et prendra son allure. Or, M. de L... avait vendu un de ses deux alezans à un marchand de chevaux, lequel l'avait trois jours après revendu à un écuyer novice, M. Y.., un ennemi juré de M. de L... Il y eut, dans le temps, entre ces gentlemen, échange de paroles dissonnantes, suivi d'un coup d'épée. Depuis dix ans ils s'évitent et ne s'adressent pas la parole. L'autre matin, M. Y... croise M. de L... au Bois. La monture flaire son ancien camarade d'écurie et s'en va caracoler à ses côtés. Voilà les deux ennemis accolés en dépit des éperons et des cravaches. C'est en vain que l'un presse son bucéphale, l'autre ne le lâche pas d'une longueur de sabot... Vous voyez d'ici la mine des deux cavaliers !

Cette situation me rappelle la légende du *cataplasme*

mutuel. Durant une épidémie, la farine de lin manqua dans les hôpitaux à un tel point qu'on dut faire servir un seul cataplasme à deux malades. Les sujets — sandwiches humains — se couchaient l'un sur l'autre et faisaient la causette. Des amitiés se cimentèrent à la suite de ces contacts oléagineux. Mais on cite deux individus — obligés de se trouver ainsi face à face pendant des heures entières — qui s'en voulaient à mort. La conversation était — comme on pense — assez aigrelette. Elle devint une fois si orageuse que les infirmiers durent intervenir. Dans un accès de colère les malheureux s'étaient mangé le nez !

Les habitués de l'Allée des Poteaux rentrent ordinairement à Paris, par l'avenue du Bois de Boulogne, et passent, un peu avant l'Arc-de-Triomphe, devant le couvert de marronniers où se tiennent *les membres du club des Pannés*. On désigne sous ce vocable ceux qui ont été contraints, pour des raisons diverses, de supprimer leur écurie et se trouvent à pied. Ne pouvant galoper eux-mêmes, ils se consolent en regardant galoper les autres. La société est élégante et nombreuse en ce point où défilent forcément les écuyers fameux, et les promeneuses matinales, les charrettes attelées de poneys et les victorias traînées par des carrossiers, les araignées propices aux trotteurs russes, et les coupés trois-quarts qui amènent, pour s'ébattre dans l'air pur, les couvées aristocratiques du faubourg Saint-Germain.

Là s'échangent les propos parisiens par excellence. On y apprend la somme exacte perdue, dans la nuit, au bac, par le petit baron, le nom de la dame qui a fui le toit conjugal, l'accouchement de celle qui l'a réintégré, la réussite de telle pièce, le fiasco de telle étoile. Et puis — régal sans pareil — c'est presque en face de cet endroit béni que les belles écuyères quittent l'étrier pour monter en voiture et regagner leur logis. Les amazones ont — Dieu merci ! — abandonné les robes longues et plissées qui les rendaient si disgracieuses. Les jupes, maintenant, se portent très collantes et accusent tous les reliefs de leurs propriétaires. Aussi n'est-il pas rare d'entendre, au pied des arbres de cet Eden, des dialogues de ce genre :

— Ah ! ah ! voilà madame X... Elle va mettre pied à terre... Elle nous tourne le dos. Sapristi, hein ! a-t-elle de l'assiette !...

— Quand ça en arrive là, mon cher, ce n'est plus une assiette... c'est un service !

XXVIII

LE SPORT DES PETITES GENS

Je ne voudrais que l'on pût m'accuser de négliger absolument les petits — ceux que la fortune n'a pas favorisés et qu'elle contraint de marcher à pied.

Voici les quelques conseils que l'expérience me permettra de leur offrir.

Je résisterai au désir de préconiser les influences heureuses de la marche au point de vue de la santé. C'est d'ailleurs un thème sur lequel les médecins exécutent tous les jours des variations auxquelles le Parisien ne prête aucune attention, parce que son oreille perçoit plus complaisamment les mauvais conseils que les sages avis. Vous rencontrez tous les jours des gens qui passent leurs journées chez des cocottes, leurs nuits au club et qui répondent à leur docteur, quand il leur enjoint de prendre de l'exercice : « Je n'ai pas le temps. » La vie enfiévrée et outrancière qu'ils mènent ne leur laisse point de répit... Pour avaler, doubles, les bouchées de l'existence, ils se font traîner par des véhicules attelés de chevaux rapides qui leur permettent de multiplier la somme de leurs énervements.

Je ne parle pas seulement de l'oisif et de l'inutile... Le littérateur, le financier ou l'homme politique montrent la même paresse à mouvoir leurs jambes : il en résulte un tas de maladies qui les jettent, anémiés et épuisés jusqu'au moelles, dans des stations balnéaires où des casinos prévoyants leur ont préparé les débilitants Parisiens, à savoir le jeu, le théâtre et... le reste. Fatiguée de prêcher ces incorrigibles, la thérapeutique moderne a eu recours à des correctifs tels que l'hydrothérapie et la gymnastique en chambre, mais celui qui n'a point le courage de se lever matin pour avaler deux lieues dans les bois suburbains n'a point l'énergie de suivre fidèlement le traitement prescrit. Après deux douches et trois frictions, il n'a cure des ordonnances et continue à épaissir sous la plume de son édredon un sang qui afflue à sa peau sous forme d'eczéma ou à son cerveau sous le nom d'apoplexie.

Afin d'éviter ce lent et inconscient suicide, des médecins ingénieux se sont avisés d'imposer à leur client le noble jeu de billard — lequel nécessite un piétinement continu et une certaine succession d'efforts musculaires — mais la régénération de l'individu par le carambolage est un problème encore à démontrer... Les plus scrupuleux pousseurs de queues finissent, s'ils ont de l'embonpoint, par trahir une répugnance qui les éloigne à jamais des billes et du tapis vert... Je connais un indolent et célèbre auteur dramatique auquel son docteur disait à la fin de sa dernière visite :

— Etes-vous bien obéissant? Jouez-vous ainsi que je vous l'ai ordonné, tous les jours, deux heures, au billard ?

— Oui.

— Et vous vous sentez toujours des vertiges, peu d'appétit et de la raideur dans les articulations?

— Oui...

Si le praticien avait été clairvoyant, il aurait aperçu, dans le coin le plus obscur de l'antichambre, un fauteuil à roulettes sur lequel le dramaturge se faisait charrier autour de son billard et du haut duquel il guerroyait contre la blanche et la rouge. Voilà des supercheries qui conduisent au Père-Lachaise !

Je m'aperçois que je rédige une causerie plus médicale que sportive. Je reviens à la marche que les environs de Paris permettent de pratiquer dans des conditions exceptionnellement agréables.

A parler franchement, je n'admets le bois de Boulogne et le bois de Vincennes que pour les gens d'affaires qui, retenus par leurs fonctions (publiques ou privées) de dix heures du matin à six heures du soir, ne peuvent s'éloigner du centre de leurs opérations. Sans doute, l'air des pelouses de Bagatelle ou des rives du lac Daumesnil est plus pur que celui de la rue

Laffitte et il faut pour jouir et revenir de ces points
— relativement agrestes — infliger à ses tibias une
excellente corvée de deux ou trois lieues, mais les
eaux bourbeuses et stagnantes des rivières qui coulent au travers de ces oasis altèrent les qualités de
l'atmosphère ambiante. Le voisinage des égouts et les
émanations des faubourgs prochains exercent aussi
leur influence toxique sur l'oxygène où s'épanouissent les frondaisons... Bref, j'exige du marcheur,
nanti de fortune et de loisirs, qu'il aille beaucoup
plus loin. En prenant la Madeleine ou le boulevard
Haussmann pour point de départ, des voies spacieuses lui fournissent, dans les meilleures conditions, l'accès de l'admirable ceinture de forêts qui
entoure Paris. Partout il trouvera des restaurants
qui, à l'heure du déjeuner, ne lui feront pas trop regretter les succulentes préparations du foyer domestique.

Ecoutez-moi : prenez les Champs-Elysées, l'avenue
du Bois de Boulogne et le village du même nom,
franchissez le pont de Saint-Cloud, traversez le
parc de l'ancienne résidence impériale et arrêtez-
vous dans un des cabarets qui étalent leurs aimables tonnelles sur les bords du lac de Ville-d'Avray.
Après avoir « fait un sort » à une langouste suivie
d'un poulet sauté, rentrez dans votre logis par les
bois de Sèvres, Bellevue, Billancourt, le Point-du-
Jour, le Trocadéro et l'avenue Montaigne. Si vous
ne dînez pas comme un ogre et si vous ne dormez
pas la nuit suivante avec le calme d'une marmotte,

j'y perds mon latin (j'aurais écrit *lapin* si la gibelotte avait figuré dans mon menu).

Voulez-vous jouir d'un panorama qui rappelle la Suisse et qui, dans son genre, dépasse, par ses vastes horizons, la vue célèbre des cabinets du Pavillon Henri IV, à Saint-Germain ? Rendez-vous au moulin de Sannois, près Argenteuil. La route qui conduit à ce sommet n'est pas précisément folâtre, mais comme on est dédommagé par les surprises du site !

Il est des promeneurs qui font fi des espaces silencieux et solennels et préfèrent les endroits animés : qu'ils courent à Robinson (par Sceaux). Une fois repus, ils ont, à une portée de fusil, des boqueteaux exquis où pépie le pinson et où la tourterelle roucoule. Ces futaies mignonnes ne valent pas les chênaies gigantesques de Compiègne ou de Fontainebleau — localités interdites au *pedestrian* dont l'humeur n'est pas de découcher — mais on y respire de doux effluves et l'on y goûte les impressions captivantes de la vraie nature.

Les bois battent, à cette heure, le plein de leurs enchantements. La verdure est toute fraîche ; les graminées dressent leur tige avec une vigueur et une fierté d'adolescent dans la force de l'âge. Le soleil de la canicule n'a pas encore durci leur tige et les ouragans de l'été n'ont point effeuillé ou flétri leurs fleurs. Les oiseaux chantent comme des étudiantes mises dans des meubles neufs. Tout dit et redit une mystérieuse allégresse qui se communique à l'âme du touriste. Et comme le voilà loin des boulevards, de la Chambre et des chansons de M. Paulus ! Il se sent transformé : c'est un autre esprit dans un autre corps. Pour un peu, il embrasserait les hêtres et causerait avec les pâquerettes...

Le mendiant qui passerait en cet instant lui enlèverait jusqu'à ses bottes. Des extases spéciales mettent ses défauts et même ses vices en déroute. On dirait qu'un génie a donné un coup de bêche dans la croûte revêche de son égoïsme, et mis au jour les trésors de bonté et d'abnégation enfouis au fond de son cœur !

Et tantôt, ce même individu, revenu dans sa bruyante capitale, redeviendra médisant, envieux, hargneux, personnel... Quel livre on écrirait sur ce phénomène dont j'ai si souvent ressenti et observé les effets !

— Dieu est partout, disait devant moi un prêtre à Toussenel.

— Il voyage peut-être, monsieur le curé, répondit le grand zoologiste ; mais je vous affirme qu'il habite la campagne.

Je gage que le mot de Toussenel vous a fait sourire et que vous avez pensé — comme à un démenti — au paysan pervers, retors et madré dont l'unique souci est de rançonner le bourgeois réfugié dans les villas suburbaines. Vous vous êtes aussi rappelé le garçon de ferme qui assassine son maître à coups de sabots pour lui voler trois francs... Qu'est-ce que cela prouve ? sinon que l'influence bénie, signalée plus haut, n'opère que sur les citadins? Je n'ai point voulu démontrer autre chose. Il est clair que le rustre — né avec de pires instincts — qui vit et qui meurt aux champs ou dans les bois, ne subira pas l'hypnotisme auquel je serai sensible, moi, venu au monde dans une ville et grandi parmi les corruptions et les faussetés d'une cité milionnaire et populaire... Il ne comprendra pas plus mon attrendrissement devant un bourgeon qui éclate et développe ses tendres folioles que je ne comprendrai son admiration devant la poupée de cire d'un coiffeur!

La promenade à pied a, entre autres supériorités, celle de n'être pas coûteuse... Si le sort vous a pourvu d'une épouse — réelle ou approximative — que les kilomètres n'effrayent point, les parties fines et les *garden-joices* se soldent par un total raisonnable. On n'est pas forcé de hanter les auberges où les poules pondent des œufs d'or et où les canards se paient aussi cher que des autruches.

Il y a, d'après ce qu'on m'a dit, des bouchons — auxquels je ne veux pas faire de réclames suspectes — qui, moyennant des prix tout à fait modérés, fournissent des fritures inénarrables et des matelotes dont Brébant lui-même ignore les secrets. On y mange aussi de la charcuterie qui trahit le cochon bien élevé et judicieusement nourri. Des boudins qu'on digère sans peur et... sans reproches, et des jambonneaux absolument distingués... Et des fraises qu'on cueille sous vos yeux ! Et de la crème où il y a de la crème dedans ! Mon Dieu ! chassez loin de moi ces tentations... je finirais par devenir gourmand !

XXIX

LE TIR AUX PIGEONS

Le tir du pigeon est, dans l'espèce, un sport fort attrayant — comme tous ceux qui sont d'une pratique délicate. Le mécanisme à l'aide duquel l'oiseau est offert au plomb est fécond en surprises qui accroissent encore les difficultés du succès. D'un appareil central partent cinq fils de fer qui aboutissent à cinq boîtes. Chacun de ces fils ouvre une des boîtes où un pigeon a été emprisonné. Dès qu'il se voit libre, l'animal prend son vol. Si le tireur connaissait, par avance, la boîte d'où le bipède prendra son essor, il serait moins ému et partant plus adroit, mais il l'ignore, en sorte qu'il est forcé d'avoir l'œil sur cinq points différents et c'est généralement de celui qu'il a le moins prévu que le pigeon part. J'ajoute que rien n'est plus capricieux et inattendu que le vol du pigeon; tantôt il pique droit dans les airs, tantôt il file horizontalement à un mètre de terre.

D'autres fois il fait un crochet à angle aigu. Enfin

sa vitesse est telle que si on ne l'a point abattu au moment même où il se lève du sol, il y a huit chances sur dix pour qu'on le manque. L'employé qui manœuvre l'appareil ne sait pas lui-même auquel des cinq oiseaux il donnera la liberté : une boule jetée dans un tube fermé, et qui s'en va, au hasard, peser sur un ressort, détermine l'ouverture de tel ou de tel coffre, si bien que toute supercherie est impossible. Quel que soit le trouble provoqué par ces conditions hérissées de difficultés, Paris, Monaco, Londres reçoivent tous les ans, dans leur enceinte, des gentlemen qui ne ratent jamais leur bipède et encaissent des sommes fabuleuses. Car, outre les prix, il y a le rendement des paris mutuels.

Les assistants, accoutumés de ces tournois, prennent l'oiseau dans des proportions basées sur l'adresse du jouteur, et si celui-ci est *en forme*, il détermine des mouvements financiers qui se chiffrent par des centaines de mille francs! Des tireurs aux pigeons ont dû de véritables fortunes à l'infaillible sûreté de leur prunelle et à la savante rapidité de leur index. L'Angleterre a vu des *matches* d'où le vainqueur, venu en simple cab, se retirait dans le mail d'un concurrent devenu sa propriété. Je ne me rappelle plus le nom de celui qui, tuant cent oiseaux de suite, gagna, il y a vingt ans, non seulement les revenus, le capital et les terres du lord qui lui tenait tête, mais acquit en outre le droit — bien et dûment gagné dans un dernier assaut — de le prendre à son service en qualité de valet de chambre.

Au Bois de Boulogne, les choses ne vont pas si loin. On se contente de vider le gousset des malchanceux ou des maladroits à la suite de « poules » plus ou moins grasses. Le matin ont lieu les essais d'entraînement. Le tireur-habitué arrive après une promenade à cheval dans les allées de la Butte-Mortemart ; on attache sa monture à l'écurie du tir, et il brûle des cartouches en des matches isolés et dans de modestes poules de famille — se préparant ainsi aux épreuves plus sérieuses du tantôt. Jadis, quand le tir florissait (car aujourd'hui la pelouse se ressent de l'accalmie et des économies générales), il était de mode de déjeuner sur place. On faisait venir des victuailles du restaurant de Madrid, et ceux qui avaient encaissé « beaucoup de petits louis » — comme disait le marquis de Campo Sangrado, à cette heure ministre d'Espagne en Russie — les veinards du matin offraient du champagne à leurs adversaires vaincus.

Le Pigeónnier du Cercle contient douze mille pensionnaires ! Des traités passés avec des fermiers-éleveurs de Picardie permettent de maintenir à ce chiffre le nombre des victimes promises aux fusils. Les bêtes mortes sont vendues à l'entrée, au profit de l'entreprise, à des commerçants spéciaux qui les écoulent, à leur tour, à la Halle ou dans les marchés. Les oiseaux manqués s'en vont généralement méditer au loin sur la perfidie des hommes qui les nourrissent copieusement pour les canarder ensuite; mais telle est la force de l'habitude que les infortunés volatiles reviennent, malgré eux, se poser dans les arbres avoisinant leur demeure première. On a dressé des pigeons rameneurs — sorte d'appelants — qui, sous forme de roucoulements, leur tiennent des discours insidieux : « Revenez au pigeonnier, on ne vous fera plus de mal. » Et les crédules oiseaux s'y laissent prendre !

Ce rusés racoleurs sont fort intelligents. Ils circulent en toute liberté, cherchant leurs confrères égarés sous les futaies ou s'amusant en de grands vols circulaires au-dessus du lac; mais dès que le feu des tireurs commence, ils disparaissent ou se posent discrètement sur la toiture des chalets, ne voulant pas troubler, par leurs ébats, le sang-froid des opérateurs et provoquer des confusions, en croisant dans l'espace les animaux sortis des boîtes.

On désigne sous le nom de « bons pigeons » ceux dont le vol est brusque et qui sont vites — dès la seconde initiale de leur départ. L'espèce anglaise appelée *Blue-Rock* à cause de sa robe ardoisée est la meilleure, c'est-à-dire la plus difficile à abattre, parce qu'aux qualités susdites elle joint un plumage rude et poli sur lequel le plomb glisse souvent. Et encore arrive-t-il que ces gaillards vigoureux et cuirassés, touchés en plein corps, emportent, comme on dit, le coup de fusil — parcourent deux et trois cents mètres quoique blessés grièvement — et vont tomber dans quelque roncier où les rôdeurs du Bois courent les chercher pour les vendre ou s'en repaître.

Si puissante que soit la « défense » de ces animaux, la maëstria de certains amateurs en a raison... Tous les deux ou trois ans, surgissent des « favoris » dont l'adresse bat son plein. Ces messieurs ignorent les amertumes du ratage, et c'est folie de lutter contre eux. Un petit-fils de Casimir-Périer, officier d'artillerie distingué, mort très malheureusement en Amérique, émerveilla les habitués du Cercle pendant deux ans. Il tirait *au doublé.* Le dos tourné aux boîtes, on lui lâchait deux oiseaux à la fois. Il se retournait vivement, et ses deux coups les abattaient toujours. MM. Drevon, Lagarde, de Quelen et vingt autres furent pendant longtemps pris à huit et dix contre un.

Quand le fameux Carver vint se mesurer avec eux, il eut à s'appliquer, je vous jure. Le plus étonnant fut le vicomte de La Rochefoucauld — qui par son adresse, sa force, son agilité et son élégance plastique, rappelle les jeunes et nobles praticiens qui, aux temps de la Rome des Césars, ne dédaignaient point de montrer leur supériorité dans les exercices physiques. Il tenait son fusil chargé, donnait le signal, et tuait l'oiseau tout en faisant le saut périlleux. Cela tenait du prodige !... Je doute que les Ira Payne et autres invincibles Yankees puissent jamais accomplir de pareils hauts faits.

La première page de l'annuaire du Tir aux Pigeons est réservée à la nomenclature des membres du Cercle issus du sang royal. J'y trouve les rois de Portugal et de Serbie, le prince de Galles, le grand-

duc Wladimir, le duc de Coïmbre, les comtes de
Flandre, de Caserte, de Bardi, de Bari, le duc de
Leuchtemberg, les princes Murat, etc., etc. Mais la
présence de ces Majestés et de ces Altesses sur la
pelouse est assez rare...

Depuis quelques années, les peuples et la politique ont ravi les princes aux distractions sportives, et, sans vouloir nommer personne, il en est qui sont obligés de consacrer tout leur temps et tous leurs efforts à n'être point traités comme les pigeons du Bois par les ambitieux et les révolutionnaires.

XXX

L'ART DE VOYAGER

Il y a dix-huit ans que feu M. de Villemessant écrivait, à la suite d'un voyage que nous fîmes ensemble en Espagne, « Marx est le roi des *débrouillards*. Il eût trouvé des truffes à bord du radeau de la Méduse ». Si j'exhume cet hommage rendu à mon amour des aises et du bien-être, c'est moins par vanité que pour m'excuser de vouloir servir de conseil à mon lecteur en rupture de foyer.

Il va — sans dire — que les excursionnistes de fantaisie sont seuls visés ici et que je n'ai point la prétention d'indiquer, aux Livingstone et aux Nordenskiold, la meilleure façon d'éviter la broche des cannibales et les molaires des ours blancs. Ces gens-là professent, pour le confortable, un dédain que je ne ne leur envie pas. Qu'ils arpentent les sables de l'Afrique ou qu'ils escaladent les banquises du pôle, ils se tiennent pour satisfaits de posséder une chemise, une paire de bottes et une livre de cho-

colat. Une noix de coco ou un verre d'huile de foie
de morue représentent, pour ces spartiates nouveaux,
des extras auxquels ils craignent de s'habituer. Je
ne sais quel touriste scientifique, perdu dans les
solitudes australiennes, écrivait sur le journal de ses
explorations: « J'ai enfin une cave et un garde-manger; c'est une petite mare pleine de grenouilles ! »
Je salue bien bas, en me reconnaissant indigne de
les suivre, ces amants de l'inexploré qui trouvent
les rochers moelleux, les moustiques égayants et les
boas folâtres, et je déclare que mon discours s'a-
dresse aux *travellers* difficiles, méticuleux et maniaques comme moi — à ceux qui grognent quand on
ne leur sert pas des salmis de bécasse au somme^t
du Mont-Blanc, ou qui s'écrient : « Vous n'avez donc
rien ici ! » lorsqu'on leur refuse des aspics de foie
gras dans les Hosterias de l'Engadine.

Et d'abord prenons les choses à leur point de départ — à la gare.

Si vous partez par une ligne comme celle de Lyon-
Méditerranée, qui possède à sa tête M. Regnoul, je
n'ai rien à dire, aucune recommandation à souligner.
Cet homme est si aimable, si actif, si complaisant
qu'il arrive à satisfaire tout le monde. L'ex-impéra-
trice Eugénie avait une façon enveloppante de saluer
les foules, adroite au point que chacun disait: « Elle
m'a souri. » M. Regnoul, sur le théâtre de ses opérations, prouve un don analogue. Tous les voyageurs
du train — fût-il omnibus — quittent Paris, enchan-

tés et convaincus qu'il s'est occupé d'eux — isolément. Mais on n'a pas toujours affaire à des fonctionnaires aussi parfaits. C'est en prévision du cas que je conseille certaines supercheries. Avisez un facteur dès le péristyle, et glissez lui quarante sous entre cuir et chair. Moyennant cette simple formalité, le facteur vous prendra votre billet, enregistrera vos bagages et vous retiendra un coin.

Dans les compartiments, allez à reculons toujours. S'il fait froid, vous évitez l'air en plein visage; s'il fait chaud, vous échappez à la poussière qui aveugle et aux parcelles de charbon qui causent les plus cuisantes douleurs. Un conseil à ce sujet : Ne vous frottez pas l'œil, priez votre voisin ou votre voisine de vous passer une bague dans l'intérieur des paupières. Il est rare que l'anneau d'or n'amène pas aux bords de sa circonférence le corps étranger. Ledit corps — imperceptible aiguille de houille — devra être recueilli par vous et expédié aux magasins de coke de l'Administration centrale avec ces mots : « Je ne veux pas faire tort à la Compagnie d'un combustible qui est sa propriété. » Evitez, mesdames, le compartiment des dames seules. Mieux vaut tenir à distance un compagnon de route hardi que d'entendre crier un baby ou tousser une douairière. A propos de ce compartiment, il me revient en mémoire une ruse de feu Siraudin qui voulait faire sa route sans encombre et dormir à son aise. Il prit la plaque et, avec un gros crayon qui ne le quittait jamais dans ses déplacements, il remplaça l'E par un

O — en sorte qu'on lisait sur l'ovale de cuivre :
DAMES SOULES. Le beau sexe fuyait cette caisse
dans laquelle le malin vaudevilliste se dissimula et
gagna sa destination sans la société du moindre fâcheux. J'ai eu souvent la chance d'un compartiment
où personne ne montait, en me conciliant les bonnes
grâces du chef de train, par l'offre d'une monnaie
d'argent à l'effigie de trois personnages symboliques,
surmontés de ce paradoxe « Liberté, Egalité, Fraternité. » Mais on tombe, parfois, sur des agents incorruptibles...

L'atmosphère sénégalienne des derniers étés —
(un temps à voyager en chemise avec une bouteille
de bière sous le bras!) — me suggère une autre recommandation. Voulez-vous fendre l'espace dans
une fraîcheur relative ? Mouillez vos tempes d'eau de
Cologne et ne craignez pas de vous en débarbouiller
la face au besoin. L'évaporation de l'alcool vous procurera la sensation d'un oasis — sans compter que
vous combattrez ainsi le relan des transpirations
ambiantes.

Vous êtes fumeur, monsieur? Demandez à votre
voisine si elle a jamais senti l'odeur du *Latakié*. Ce
mot bizarre la frappera — elle déteste la fumée ordinaire, mais l'harmonie de ce nom la séduira. Vous
lui expliquerez que ce tabac oriental est composé de
feuilles de roses hachées menu, et grâce à ce subterfuge, vous humerez vos cigarettes de caporal.

Et vous, madame, la fumée vous gêne? Dites alors
au malappris en train d'allumer un cigare que le

tabac vous rend épileptique et que l'autre jour encore, sur la ligne de l'Ouest, vous avez griffé le visage et arraché les favoris d'un agent de change qui se rendait à Chatou. Il est rare que le fumeur persiste dans ses résolutions.

Le buffet des gares : — grave question.

Là, comme partout, l'or fait son effet. Donnez par avance vingt sous au garçon affairé qui renverse des consommés et des sauces dans le dos des consommateurs, il les négligera insensiblement pour vous servir les morceaux les plus délicats. Vous boirez frais, vous mangerez chaud et, de temps à autre, le bonhomme au tablier blanc viendra vous dire à l'oreille « Ne vous pressez pas, je réponds que le train ne s'en ira pas sans vous. » Même au moment suprême, à la minute agaçante où l'on vous crie aux oreilles « en voiture ! en voiture ! » l'empressé serviteur, enchaîné à votre dévotion par vos libéralités, vous dira « dégustez votre café avec calme et savourez votre fine champagne, je vais dire au chef de gare que vous êtes du coté des hommes (ou des Dames suivant la forme de vos vêtements).

Et la sonnette fatale restera muette jusqu'à votre réinstallation !

Pour la nuit, méfiez vous des courants d'air, si torride que soit la saison. Que de gens, faute de précaution, sont partis pour la Suisse qui sont revenus au Père-Lachaise ! Ne craignez donc pas de vous couvrir les jambes avec votre couverture... Si vous êtes à côté d'une dame, offrez-lui en la moitié. Si elle refuse, vous ne serez point déshonoré ; — Si elle accepte... vous êtes trop bien élevé pour ignorer ce qui vous reste à faire.

Discutons le cas d'une place vide à vos côtés ; encombrez cette place de paquets et feignez le sommeil de l'innocence. Quand un voyageur pénétrera dans la place, il ira discrètement s'asseoir plus loin, et c'est alors seulement que vous vous coucherez en chien de fusil. Si la place vide est en face, mettez votre sac de nuit à terre ; surélevez-le au niveau de la banquette, de manière à obtenir un plan légèrement incliné, et allongez béatement vos jambes sur ce sopha improvisé. Il y a la question délicate du «croisement» — quand on a vis-à-vis de soi une dame sans mari ou sans sigisbée... Craignez, de ce côté, les mystifications. Un de mes amis intimes pressa amoureusement toute une nuit, entre ses rotules, les mollets d'une personne qui avait consenti à « croiser. » Au jour, seulement, il s'aperçut que la voyageuse avait replié ses jambes sous la banquette et qu'il avait fait la cour à deux faisceaux de parapluies et d'ombrelles... Mais, descendons du train, voulez-vous?

Nous voici à l'hôtel.

Je ne vous fais pas une seconde l'injure de croire que vous n'avez pas retenu votre appartement. Avec un télégramme de quinze à vingt sols, vous débarquez, à coup sûr, dans un logis préparé et aménagé à votre intention ; votre premier soin sera de commencer par où le vulgaire finit, c'est-à-dire par distribuer de larges pourboires aux domestiques ; c'est une erreur de croire qu'il est préférable de retarder le moment des munificences jusqu'aux environs du départ.

Le personnel des hôtels est méfiant. Vous êtes même considéré comme un pingre d'entrée de jeu — expiant ainsi très injustement la ladrerie du quincailler qui, en se retirant avec sa femme et ses cinq enfants, adresse des sourires à la valetaille et lui dit : « Nous revenons dans huit jours — nous règlerons nos comptes d'un seul coup. » Donc, donnez vite les pourboires et soyez fastueux. Songez à ce qu'une pièce de cinq francs de plus vous vaudra de gâteries, d'attentions. Le garçon d'hôtel est généralement peu soucieux de plaire à son patron qu'il sert durant une saison seulement. Il prendra plutôt vos intérêts — mais prenez les siens d'abord.

Il y a parfois, dans le bureau des auberges en vogue, une petite vieille sèche et revêche, qui tient la comptabilité, reçoit les lettres et écrit les notes. Il faut vous concilier les sympathies de cette momie grincheuse. Je n'exige pas de vous que vous lui baisiez le front — mais je vous engage à lui parler et à lui sourire comme à la plus séduisante des vierges... Si vous allez jusqu'à un bouquet de deux sous... oh! alors vous êtes le maître de la place. Vos journaux et votre correspondance vous seront remis à la minute et vous saurez les nouvelles quatre heures avant quiconque.

Votre chambre à coucher devra être sur le devant : j'entends avoir une jolie vue. Point ne vaut la peine de rouler cent lieues pour retrouver les horizons du boulevard Haussmann. Ne m'opposez pas que toutes les pièces agréablement situées étaient occupées avant votre venue. Il y a toujours des voyageurs qui partent. Je ne parle pas de ceux qui meurent. Il ne faudrait pas compter là-dessus. C'est très rare à moins que vous n'en tuiez un. Parlerai-je d'autres moyens qui exigent, pour être employés, une grande jeunesse d'esprit, comme, par exemple, de jeter des punaises, ou bien le cadavre putréfié d'un chat sous un lit, en sorte que le voyageur, révolté par l'odeur, sollicite lui-même son déplacement et abandonne la place au farceur. Plus simple et plus pratique est d'insinuer dans l'oreille du gérant de l'hôtel que vous avez des amis hauts placés à la Préfecture ou d'alléguer que vous êtes fils du directeur d'une auberge située dans une autre ville, bien entendu. Vous pouvez enfin — si le grand dispensateur des bonnes chambres a une fille — laisser entendre que vous épouseriez volontiers une demoiselle sans fortune, que la vie d'hôtel vous amuse et qu'au besoin vous mettriez des fonds dans une entreprise aussi prospère que celle où vous vous êtes réfugié, etc., etc.

Les lits d'hôtel sont généralement durs et il vous faut faire des platitudes devant la servante pour en obtenir un oreiller moins marmoréen ou une couverture plus feutrée. J'ajoute que les couchettes sont exagérément étroites dans la plupart des établissements hospitaliers. En Suisse, c'est au point que Sarah Bernhardt, elle-même, déborderait de chaque côté de son matelas...

Cet abus du rétréci n'a d'autre raison qu'une perfide spéculation. Les hôteliers visent surtout les gens mariés qu'ils forcent à coucher isolément... et l'addition porte deux lits au lieu d'un.

Même seul, il est bon de pouvoir s'étirer, et, si exiguë que soit la taille d'un touriste, il ne se délassera bien qu'en pouvant durant son sommeil faire le grand écart; je conseille donc mon procédé qui consiste à rapprocher deux lits qu'on recouvre de draps immenses et de couvertures gigantesques.

Autre lacune :

Dans les *osterias,* on est peu généreux d'eau et d'ustensiles de toilette. Il est rare que vous ayez — je n'excepte pas les meilleures maisons — d'autres ressources aquatiques et lavatoires qu'un pot à eau et une cuvette.

C'est en vain que vous cherchez le *tub,* le bain de pied et certain meuble quadrupède qui vous inflige la position du cavalier sans vous en imposer les périls; n'hésitez pas à réclamer cet attirail hygiénique, et exigez au besoin qu'on aille relancer le zingueur et le faïencier du lieu.

La toilette des voyageurs des deux sexes est un point que j'aborde avec un parti pris de dénigrer toute espèce de luxe.

Je n'admets pas que la plus belle femme du monde

ne dise pas un adieu provisoire et catégorique aux falbalas et aux bijoux lorsqu'elle quitte pour un mois ses chers boulevards.

Comment, durant tout un hiver, elle a sué et rougi, captive dans son corset de satin; elle a entendu craquer la faille qui englobe ses hanches, supporté le lourd fardeau de six jupons empesés, de poufs sans nombre et de tournures bouffantes. Elle a emprisonné ses pieds dans des mules trop étroites et superposé sur sa jolie tête les pélions et les ossas des frisons, des ondulations, des chignons; elle a campé sur le tout des chapeaux immenses chargés de plumes, de fleurs, voire de fruits. Elle court, — la pauvre! — chercher un peu d'oxygène pour ses bronches épuisées et ses poumons fourbus... Et, plutôt que de laisser sa chair s'ébattre, ses charmes s'épanouir, elle continue son système d'accoutrement pesant et coërcitif!... je trouve cela absurde, et je proclame à la barbe de Trouville, Deauville, Houlgate, etc., que mieux avisées sont celles qui arborent la cloche de paille à peine garnie et frangée d'une gaze bleue, qui endossent les blouses de toile, de mousseline ou de laine légère, qui, enfin, cessent pour un instant d'être sous les armes.

Aux chevilles, vivent les tiges jaunes des brodequins lacés, à forte semelle! A la main : le bâton alpestre, ou la grande ombrelle de batiste.

Voilà ce qu'il faut pour bien voir, bien marcher, bien voyager, bien vivre, pour reprendre les forces nécessaires aux soirs d'opéra, aux nuits de bal, et aux sensations énervantes de la vie des capitales.

Quant aux hommes, je ne leur permets pas autre chose qu'un mince bagage : un nécessaire, des complets anglais de laine double et un feutre flexible. Avec cela, un peu de santé, beaucoup de bonne humeur et un brin de philosophie... Et ils rentreront au bercail parisien, meilleurs — sinon parfaits.

XXXI

LES BAINS DE MER

Pour certaines femmes, la plage idéale est celle où la mer est à peine entrevue à travers mille cabines rangées en bataille, — où la ville prochaine regorge de marchands d'antiquités plus ou moins... antiques, — où cinq toilettes par jour sont nécessaires si l'on désire n'être pas remarqué, — et où l'on se couche à l'aurore, fourbus par les valses et les cotillons du Casino.

Pour d'autres, les bords rêvés sont ceux où l'Océan, visible de tous les points de la côte, étale au loin et dans tous les sens sa nappe grondeuse et glauque, — où, en manière de boutiques, se dressent les échoppes du boucher, de l'épicier et du boulanger, pourvoyeurs uniques d'une table spartiate, — où l'habillement du matin est l'habillement du soir, — où il n'y a ni bals ni théâtres, et où le spectacle est fourni par les barques se profilant à l'horizon, au-dessus des flots verts, comme des papillons posés sur les eaux d'un étang... Je me hâte de noter que ces dames-là, — ennemies des atours et des réjouissances, — constituent l'exception.

Les hommes, eux, manifestent généralement des goûts réservés, discrets et modestes. Ils opinent pour les stations solitaires et primitives et peu leur chaut de croiser dans leurs promenades les visages coutumiers des boulevards, des clubs et des Comédies. En ce qui me concerne, mes sympathies me poussent vers les endroits peu fréquentés, pas pschutteux et nullement tapageurs. J'aime les rives où la vague et le vent se chargent des concerts et où l'on peut se livrer, sans pose, aux distractions captivantes que comporte une villégiature maritime sagement entendue. Après avoir erré le long du littoral de la Seine-Inférieure, de la Manche et du Pas-de-Calais, demeurant quelques heures à peine dans les Bains « adoptés », me voilà enfin échoué sur une grève silencieuse et rustique. Pas de raouts! Pas d'orchestres! Pas de courses! Quelles délices!!... Mes yeux considèrent de vrais paysans et des pêcheurs authentiques, parlant avec un accent qui n'est pas simulé et vêtus d'un molleton fleurant la marée plutôt que l'opoponax!

C'est à peine si quelques citadins, flanqués de leurs citadines, et n'ayant pas encore rompu avec les « modes balnéaires », exhibent les mises aquatiques en faveur: les larges bérets chiffrés, les sarraux de flanelle portant sur leur poche latérale d'énormes initiales et les souliers de lawntennis à semelle de gutta. Tel est la population flottante de Berck-sur-Mer.

A Berck, quel que soit leur sexe, les baigneurs ne portent ni bas, ni chaussettes ; les mollets exhibent impudemment leurs rondeurs brunies par la bise et les pieds s'insinuent tout nus dans les pantoufles caoutchouquées. D'aucuns et d'aucunes dédaignent même les chaussures et réjouissent leurs orteils au contact immédiat du sable fin et moelleux. Il paraît que, grâce à ce système, les gens sujets aux pieds froids se guérissent radicalement de leur infirmité et voient, au bout d'un mois, le sang affluer derechef à leurs extrémités.

J'ajoute, — pour vider la question somptuaire, — que la voiture de place ou de louage est inconnue en ces parages. D'honnêtes ruraux (mâles et femelles) véhiculent leurs clients dans de hautes charrettes à deux roues, moyennant trente sous l'heure. Enfin, l'âne est la ressource forcée des fanatiques de cavalcades... Eh bien ! je vous affirme que pour être privée de landaus, de poneys, de feux d'artifices et de racontars, la vie n'en est pas moins pleine de charmes et d'imprévu. Les heures s'écoulent rapides et reposantes en face de l'infini. Dans la journée, le soleil transforme la mer en une cuve où bouillonnerait de l'or en fusion. La nuit, c'est la lune qui argente les flots et montre tout là-bas, dans sa douce clarté, le panache fumeux des steamers gagnant le port de Boulogne sous l'œil clignotant des phares.

*
* *

Mon enthousiasme ne m'aveugle pas : Berck-plage (qui est une annexe estivale au village de Berck, avancé de trois kilomètres dans les terres) a encore besoin de réformes et d'innovations. Il ne possède pas de bureau de poste. Quiconque veut expédier une lettre ou un télégramme doit dévorer le ruban interminable et poudreux d'une route brûlante, longue de plus d'une lieue.

Autre désagrément. L'ichtyophage qui, — sur la foi des bateaux-pêcheurs ancrés en face de la Grand'-Rue et des pêcheuses basanées rentrant dans leurs cabanes, armées de longs filets, — aurait la fantaisie d'engloutir un merlan ou des crevettes, se tromperait étrangement en croyant satisfaire son caprice en ces lieux. On voit prendre du poisson, on croise dans sa route des hommes chargés de mannes emplies de limandes et de soles, mais on ignore les destinées de ces captures qu'on ne revoit jamais! C'est le supplice de Tantale appliqué à la friture! Le Grand-Hôtel, — un des plus confortables et des mieux pourvus, — est obligé de s'approvisionner à Saint-Valéry ou à Boulogne... Et encore voit-il, deux fois sur quatre, ses commandes rester sans résultats. Il serait pourtant bien facile de remédier à tout cela.

Le ministre des postes n'aurait qu'à décréter le

fonctionnement, pendant l'été, d'un bureau auxiliaire à Berck-plage : pour sa récompense, il serait béni par les quinze mille baigneurs qui s'y réfugient.

En ce qui concerne le poisson, quatre ou cinq patrons de barques devraient se syndiquer et bâtir — avec l'autorisation municipale, — une petite halle où ils écouleraient certainement leur marchandise. Et les amateurs, accourus des capitales en se promettant des orgies de turbot et des indigestions de homard, ne se trouveraient point déçus.

Lorsque ces progrès seront accomplis, Berck-plage sera un Eden... Outre qu'on y corsera les menus de ses repas, on y savourera la joie de lire plus vite les lettres de ceux qu'on aime et de parcourir, dans leur fraîcheur, les journaux qui maintenant arrivent légèrement faisandés. Et alors on se livrera, sans restrictions, mentales ou autres, à tous les divertissements du cru :

En première ligne, je citerai la chasse. Les dunes fourmillent de lapins et baignent leurs bases dans des marais où la sauvagine abonde. Le lapin berckois est particulièrement difficile à occire. Les montagnes de sable où il se tient forment un immense terrier dont les bouches s'ouvrent par millions sur un espace superficiel de six lieues carrées. Si l'on ne jette pas son coup de feu au très fugace et très rapide animal avec une promptitude électrique, on le manque... Le duel du fusil et du lapin à Berck est comme qui dirait la lutte de la foudre et de l'éclair... Au surplus, il y a un tir aux pigeons où l'on peut s'entraîner, s'exercer et gagner des prix assez importants pour attirer les *shoke-bored*, habitués du cercle de Madrid, de Monaco et de Boulogne. Un lawn-tennis fort élégant et le vol des autours et des faucons de M. Belvalette ajoutent leur intérêt et leurs émotions à la série des distractions quotidiennes de ce rivage bienheureux.

Il est arrivé à Berck ce qui arrive aux plages pratiques et salubres. Les hôtels et les chalets sont sortis du sol, le long de la côte, en quantité telle que la nécessité d'un nouveau quartier s'est fait sentir. Et comme le mouvement s'est accentué vers le Nord (c'est-à-dire en s'éloignant du centre original), une société s'est formée qui a acheté 500 hectares de terrains et 5 kilomètres de dunes, qu'elle débite en tranches. On vient de bâtir à l'extrémité de ce troisième Berck un buffet-casino-terminus, — but d'excursion ravissant que 250 touristes fréquentent journellement, grâce à un joli tramway mignon qui part de Berck-plage pour aboutir à ce point de vue pittoresque.

Dans cette falaise nouvellement exploitée, une barque enfonce son avant et la moitié de sa coque ; le reste de sa vieille ossature émerge sur la grève et se désagrège peu à peu, battu par la fureur des ouragans. Une légende, poétique dans sa tristesse, explique cette épave mystérieuse et désolée. Il paraît qu'elle était, — il y a bien longtemps ! —

montée par trois personnes : le père, la mère et l'enfant qui s'en allaient pêcher au large. Une nuit d'orage, la proue du « lougre » s'est clouée dans la dune, après un naufrage où l'infortunée famille périt. Les corps, recueillis deux jours après, furent inhumés dans les flancs du bateau qu'il a été impossible de dégager. Et l'on a planté, à la poupe, une croix noire, que les intempéries de l'air ont rongée et réduite en poussière. On rapporte qu'à cette heure encore dorment, dans la cale ensablée, les squelettes de ces trois êtres réunis dans la mort par la cruauté des flots! Et les pêcheurs qui croient à ce sinistre se signent en passant le soir devant la sépulture des trépassés!

L'indigène de Berck est d'un naturel humain et complaisant. La politique, dont il est loin, n'a point faussé son jugement et perverti ses idées!

— Les révolutions, me disait un ânier provisoire — qui de son état fabrique des filets — les révolutions nous sont indifférentes, car elles ne changent en rien notre façon de vivre... Je crois que votre général Boulanger viendrait en personne qu'on n'y ferait pas plus attention qu'à un autre!

J'attribue les instincts secourables et les nobles penchants de l'habitant au spectacle de compassion désintéressée et d'inépuisable charité qu'il a constamment sous les yeux. L'administration de l'Assistance publique possède, sur les dunes, un hôpital immense où elle soigne, entretient et guérit douze cents enfants rachitiques ou scrofuleux. Grâce à l'ingénieuse érudition et aux soins consciencieux du docteur Cazin, — le frère de notre grand paysagiste, — grâce aussi à la surveillance paternelle du directeur de l'Asile, les petits malades débarqués sur des béquilles ou couverts d'écrouelles sont rendus à l'affection de leurs parents, sains comme l'œil et plus agiles que des singes ! Les émanations iodées de la plage aident, paraît-il, au redressement des membres tordus ou atrophiés et combattent victorieusement les diathèses morbides... J'imagine que les Sœurs, chargées du fonctionnement thérapeutique de cette vaste infirmerie, ne sont pas étrangères à ces cures merveilleuses...

J'ai assisté au départ d'un « convoi de guéris »; tous avaient les larmes aux yeux. Les pleurs de ces enfants, navrés de quitter ceux qui avaient consacré leur science, leur temps et leurs forces à leur santé, sont le meilleur certificat qu'on puisse décerner à leur zèle, à leur savoir et à leur sollicitude. Je n'oublierai jamais cet échange d'adieux touchants!

A cet établissement colossal s'ajoute celui qu'a élevé sur la dune, à côté de son chalet, la famille James de Rothschild. On dirait que les fondateurs du pieux édifice veulent, grâce au voisinage de leur demeure, constater de plus près les effets de leur bonté. En présence de millionnaires pareils, — usant si généreusement de leur fortune, — toute pensée de revendication chagrine et d'envie haineuse disparaît. L'argent devient un outil sacré que l'on désire pour fermer des plaies béantes et sauver des existences condamnées !

Je ne connais personne à Berck, — pas plus les Rothschild que les propriétaires, les aubergistes et les autorités. Les louanges que j'adresse à la nature, aux hommes et aux choses seraient donc à tort suspectées. Je passe ici par hasard, — à la façon du gendarme d'Hervé. Je me sens frappé par les séductions du site et l'existence paisible qu'on y mène. Mon cœur s'émeut à l'aspect des maux qu'on y soulage... Et dans un élan de justice, je laisse ma plume chanter Berck et ses bienfaits. N'est-ce pas logique ?

Honnis soient ceux qui verront dans ce chapitre une réclame ou une *Berckinade !*

XXXII

L'AQUAMANIE

Si lointains que soient les souvenirs de ma première enfance, je me rappelle nettement qu'en la ville de province où j'ai été élevé, les personnes qui allaient aux eaux formaient une exception aristocratique. Leurs gens, restés au logis, disaient en se rengorgeant, aux visiteurs, durant leur absence :

— Monsieur et madame sont à Plombières (ou dans quelque station thermale allemande).

Et l'on inclinait la tête avec une visible considération tandis que s'allumait, dans les yeux, l'étincelle de l'envie.

J'imagine qu'il en devait être ainsi à Paris et que là comme ailleurs, un déplacement balnéaire équivalait à un brevet de haut genre.

A l'époque dont je parle, les villes, ou plutôt les villages d'eaux, ressemblaient à ceux d'aujourd'hui comme une fille de ferme à une courtisane en vogue.

On y était déposé avec un mince bagage par des diligences antédiluviennes, attelées de chevaux de labour hors de service, et l'on y menait, en dehors des opérations de sa cure, — une vie contemplative, isochrone et indolente, la vie nulle d'un végétal. L'habitant, moyennant un prix dérisoire, vous abritait sous le chaume de sa cabane, convertie, pour la circonstance, en un chalet primitif où le moindre recoin était utilisé, nettoyé, paré de meubles boiteux mais propres. Le linge fourni présentait à l'œil et à la peau la trame des toiles à voiles, mais il exhalait une odeur de lessive honnête. L'étable elle-même devenait parfois chambre à coucher... Un paysan de Luxeuil annonçant à sa femme la venue d'un locataire du plus grand monde, s'écriait :

— Voilà M. le comte qui arrive !... Où allons-nous mettre la vache?

Au débotté, on courait chez l'unique médecin de l'endroit — un vieux bonhomme à cheveux blancs, à lunettes d'or et dont le chapeau bas de forme possédait des bords d'une envergure disparue. J'en pourrais citer qui, encore en 1840, s'obstinaient à porter des culottes courtes, des bas chinés et des souliers à boucles d'argent. Ces docteurs-là en savaient pour le moins autant que les célébrités thérapeutiques modernes. Ils avaient moins d'ambition et plus de circonspection. Leur existence passée sur les lieux, la longue pratique des breuvages ou des immersions qu'ils conseillaient leur avaient donné une expérience profitable à leurs malades. Ils connaissaient à fond leur champ de bataille. Et puis ils étaient aidés dans leur mandat par une hygiène merveilleuse. Mon oreille a retenu, presque identiques, les termes de l'allocution d'un médecin octogénaire à un mien ami célibataire, que j'accompagnais dans sa saison aux Vosges :

— Mon cher monsieur, je ne vous recommande pas de vous lever tôt et de vous coucher de bonne heure. Je vous défie de faire autrement. Nous avons ici, près des sources, un salon public qui ferme à dix heures du soir, et dont le modeste guéridon reçoit uniquement le *Magasin pittoresque*. Pas de cartes ni de piano. Si les émotions du jeu vous manquent trop, si vous êtes en mal de musique, confiez-le moi. On m'accorde quelque talent aux échecs et j'ai jadis manié la clarinette avec agrément. Je ferai votre partie où j'apaiserai les démangeaisons mélodiques de votre tympan, le dimanche, après vêpres. En ce qui concerne votre alimentation, je suis tranquille. Le pays fournit un vin âpre, mais sincère, du laitage parfait, des légumes incomparables et des fruits divins, — sans compter les cerises à kirsch qui poussent partout et les fraises roses qui tapissent nos montagnes. Sitôt votre bain pris et votre eau avalée, couchez-vous un quart d'heure et ensuite coupez-moi un gros genévrier en compagnie duquel vous foulerez les bois des environs — à pied forcément, car nous n'avons dans la contrée qu'un char à bancs réservé aux boiteux. Le sacristain possède bien une âne, mais son caractère (je parle de l'âne) découragerait M. Franconi.

« En parcourant nos campagnes, vous ne ferez pas de mauvaises rencontres — pas de mendiants à plaies hideuses — pas de gamins morveux poursuivant les touristes une fleur à la main ! La plus terrible aventure qui vous puisse arriver, c'est qu'une fauvette traversant la futaie, dépose sa... carte sur votre chapeau, sans vous laisser le temps de lui rendre la pareille.. Mais ce sont de petits malheurs qui ne vous empêcheront pas de rentrer au hameau avec un appétit de facteur rural. Et comme nos cuisinières ignorent les sauces compliquées, les jus artificiels et les bisques incendiaires, je vous donne un lapin si vous attrapez une indigestion. Un mot encore : Soyons sage, hein ? Non pas que je redoute les ravages de votre aimable physique ; les filles et les femmes de céans ont des principes que les biceps de leurs fiancés et les triques de leurs maris garantissent d'ailleurs contre tout relâchement. C'est l'unique souci de votre sécurité personnelle qui m'exhorte à vous crier : Gare ! L'an dernier, un financier s'est avisé de glisser cinquante louis dans la poche d'une indigène à vertu chancelante. Le soir où le généreux céladon pensait toucher le dividende promis, le père de la demoiselle parut au rendez-vous. « Voilà mille francs que ma petite vous renvoie, fit-il d'un ton goguenard. Elle vous les aurait bien rapportés elle même, mais elle s'est cogné le dos une quinzaine de fois au gourdin que voilà et il a fallu qu'elle se couche. Même je m'ensauve, car pareil accident pourrait vous arriver... Vous saisissez l'apologe, pas vrai ? »

« Une autre fois, il est débarqué de Paris une esbrouffeuse qui a voulu faire ses farces. Le lendemain elle a trouvé ses malles à la porte de l'auberge et l'hôtelier qui n'est point bête lui a dit : Excusez-moi de ne plus vous loger, c'est dans votre intérêt, car l'air du pays ne vaut rien à votre mari ; hier, il n'avait plus la même figure qu'avant-hier. C'est à croire que ce n'était plus le même homme ! »

» Ah ! je comprends votre grimace. La vie que je vous dépeins ne vous semble pas folâtre. On s'y fait pourtant. Le corps y trouve tant de santé, l'âme y puise une telle sérénité qu'on la quitte à regret. Et rentré dans votre chef-lieu, vous penserez souvent à nos eaux bienfaisantes, à nos sentiers ardus, à nos mœurs chastes. Vous vous rappellerez des rudes paroles du vieux docteur... et vous reviendrez. Voilà mon sermon fini. Il est la préface obligatoire de toutes les guérisons que j'entreprends. S'il vous a effarouché, bouclez votre valise et filez... Nous ne retenons personne. »

Ainsi jadis allaient les choses... Nous avons changé tout cela.

Et d'abord, la « raison » des eaux n'est plus la maladie, c'est la mode. Ne pas partir pour un bain quelconque, après le grand-Prix, représente actuellement un manque de convenance. C'est presque une question de pudeur. Deux Parisiens qui se croisent sur les boulevards éprouvent le besoin de s'en excuser. Le bourgeois comme le gentilhomme, la cocotte aussi bien que la femme honnête, se croiraient indignes de vivre s'ils ne désertaient pour un mois le Café des Ambassadeurs ou l'Allée des Acacias. Le gommeux s'endette et le boutiquier économise pour arpenter une plage et parader dans un Casino. Il va sans dire que le plus grand nombre dédaigne de consulter un médecin sur la direction qu'il doit prendre, et s'administre sa consultation à soi-même. L'endroit *où il doit aller* est celui qu'il a choisi, et, à l'entendre, le point vers lequel il vole est un val inconnu, calme, silencieux où l'on vit de la vie des pasteurs. — Trouville par exemple!

— Eh bien, cette aquamanie, — préjugé dont les racines s'enfoncent chaque jour plus touffues et plus vivaces dans l'étroite cervelle des humains, — cette aquamanie porte à la santé publique un préjudice réel. Avec les organisations balnéaires que je constate à peu près partout, la réparation des forces du baigneur devient une illusion, voire une impossibilité. Le triste sire revient de son expédition plus étiolé, plus énervé, plus fourbu qu'il n'est parti. Tout casino qui se respecte offre à sa clientèle les poisons sûrs qu'elle a fuis, à savoir : un restaurant tenu par un chef à gros gages, des concerts interminables, des représentations dramatiques dans des salles étroites, des bals où l'on s'exténue, des demoiselles d'humeur familière, des marchands de pseudo-antiquités et des cercles où le baccara règne en permance, et où des gentlemen, décorés d'ordres exotiques jusqu'aux narines, entendent l'écarté comme s'ils avaient eu Mandrin pour précepteur. Ici l'on attend Judic, là on espère Saint-Germain ! Partout Sarah Bernhardt va venir ! Bref, c'est Paris avec ses veilles, ses excitations et son incessante usure des plus robustes tempéraments.

— La ville d'eaux que je rêve, me disait dernièrement un professeur de pathologie interne à la Faculté de Paris, serait celle où il y aurait des affiches ainsi conçues :

M. FAURE EST DANS NOS MURS

A la demande générale
et avec la permission de M. le Maire
le grand artiste prêtera le concours
de son silence
au repos des baigneurs.

Je ne dédaignerais pas non plus les escamoteurs dont le premier tour consisterait à s'escamoter eux-mêmes et des professeurs de billard auxquels on fournirait, pour leurs leçons, trois citrons et un vieux parapluie.

Que dirait ce spirituel savant s'il se réveillait dans une de ces stations où deux entreprises de plaisirs luttent à coups de réjouissances — comme des bateleurs à coups de boniments.

— Le cercle d'à-côté donne un feu d'artifice :

demain, j'en enflammerai quatre. Il a trois tables de baccara : j'en aurai six. Ses bals durent jusqu'à une heure du matin : je prolongerai les miens jusqu'à l'aurore. Ses abonnés quittent ses salons jaunes comme des coings : je veux que les miens tombent en syncope à la porte de leur hôtel... Et s'il n'en reste qu'un... ce sera un reporter — pour informer son journal que mes recettes sont monstrueuses, que j'ai les plus habiles pick-pockets du continent, qu'on attrape, à mes parties, des *culottes* sans précédents et que mes plus humbles cocottes ont réalisé ce mois-ci, aux dépend de mon public masculin, trente mille livres de rente.

Mais je ne veux rien exagérer. On signale, j'en conviens, aux abords de fontaines minérales quelques fanatiques, qui, dociles aux ordonnances, ingurgitent l'onde prescrite. Mais ceux-là se découragent vite. Leur persistance ne résiste pas aux obligations du traitement, battues d'ailleurs en brèche par la tentation de mille amusements. Et les femmes ! Les plus courageuses ont bientôt déserté les source, les baignoires et jeté les douches par dessus les moulins ! Témoin madame Z... qui, l'autre matin, rencontre aux thermes le vicomte Salluste. Elle avait cotillonné la veille avec lui au casino — corsetée jusqu'aux rotules, maquillée comme un émail neuf et plus richement attifée qu'une madone. Et le beau *junhomme* qui l'avait serrée sur son cœur, aux accords de la dernière valse de Jules Klein « *Catarrhe et myosotis* », l'aperçoit en peignoir de flanelle, les charmes ballotants, le teint couperosé, et les pieds titubant dans des chaussons de Strasbourg!

Ah! si jamais on l'y repince!

Feu Aubryet, dont les paradoxes chevauchent souvent dans mes souvenirs, me disait à chaque été :

— Sont-ils assez bêtes les Parisiens! Ils lâchent leurs foyers, leurs habitudes, leurs intérêts, leurs affections pour aller chercher quoi ? De la fraîcheur ? Mais nulle part le soleil n'est plus méchant que sur les plages! Des bois ? où en trouve-t-on de plus jolis qu'à Ville-d'Avray? Des ruines? Les thermes de Julien, au boulevard Saint-Michel, ne sont pas en carton! Alors c'est la solitude? le calme? Où rencontrer présentement un point plus discret, plus désert et plus endormi que le centre de Paris ? La vraie villégiature c'est d'habiter un entresol, passage de l'Opéra! J'étais, ce matin, à la fenêtre de celui que j'ai loué pour la saison. De dix heures à midi, j'ai compté deux passants. C'étaient deux amoureux qui se savaient bien cachés.

Il me faut conclure. Si vous n'avez pas, cher lecteur, le courage de vous exiler sur l'Eden-rivage, dans la thébaïde champêtre dont je parle plus haut et dont il reste encore quelques spécimens en Bretagne et en Lorraine, mieux vaut rester chez vous et y subir la canicule en chemise avec un grog au poing. A Paris du moins vous êtes assuré en été contre les fêtes à jet continu. Les cercles languissent, les théâtres sont fermés, les étoiles dramatiques brillent en d'autres cieux et l'air est aussi pur boulevard Montmartre qu'au sommet de la Yungfrau.

XXXIII

CHASSE AU MARAIS

Les Anglais ont une expression bien exacte pour rendre l'impression et l'éclat d'une journée tiède et ensoleillée ; ils l'appellent *a glorious day* — un jour glorieux ! En effet, ces jours-là, les hommes et les choses ont je ne sais quoi de triomphateur et d'heureux qui fait penser à l'universelle félicité. Chacun semble content de soi, les mines renfrognées se dérident, et la nature, elle-même, sourit comme une belle endormie qui s'est levée du bon pied. « Ce sont les jours où les amis prêtent de l'argent », disait Murger, qui prétendait qu'au printemps seul l'égoïsme et l'avarice font relâche.

Pour moi, ce sont aussi des jours où il est doux de fuir Paris, car les enchantements de la campagne, à ce moment psychologique, ont un caractère à part. La plante et l'animal racontent leur joie de vivre, celle-là par sa verdure naissante, celui-ci par ses bonds et par ses cris.

Tout vous a des allures de prisonnier mis subitement en liberté et passant des ténèbres du cachot aux clartés de l'espace.

C'est comme une allégresse générale d'évasion... En effet, on s'évade de l'hiver !

Depuis quelques semaines déjà, je méditais de décrocher mon fusil immobilisé et d'aller chasser la sauvagine. Lorsqu'à mon réveil, j'ai aperçu le ciel pur et constaté que le baromètre corroborait les espérances données par son azur sans nuages, je me suis souvenu d'une invitation à guerroyer contre les sarcelles dans les marais de Sacy-le-Grand, près Creil (cinq minutes d'arrêt! buffet!), et j'ai pris le train.

Ces marais, situés à deux heures des boulevards, présentent toutes les surprises et tous les plaisirs qu'il faut aller chercher bien loin, dans la baie de Somme ou aux environs de Boulogne-sur-Mer. Le passage des oiseaux migrateurs y est particulièrement copieux et il n'est pas rare d'y user cent cartouches si le vent et la température vous sont propices. L'étang, d'une superficie considérable, encadré par une chaîne circulaire de hautes collines, était jadis la propriété d'un marquis de Villette dont la mort provoqua, entre ses héritiers, un procès singulier. Ce procès, entamé en 1680, se termina il y a quelques années seulement.

Les débats durèrent près de deux cents ans ; il ne faudrait pas croire que ce furent les mêmes avocats qui plaidèrent tout le temps. Le propriétaire —

en dernier ressort — de cette vaste plaine, navigable en certains points, loue la chasse et trouve, dans cette location, un revenu qu'accroissent considérablement la coupe des roseaux, l'extraction de la tourbe et la tonte des herbes... Même en cette saison, l'aspect de ce cirque pittoresque a quelque chose d'exotique qui étonne le visiteur. Il se croirait sous les tropiques. De vastes étendues de joncs et de roseaux desséchés rappellent des plantations de cannes à sucre, d'où l'on s'attend à voir surgir un nègre. Bref, à la chaleur près, on est à cent lieues de Paris, dans quelque colonie asiatique ou africaine.

J'ai toujours eu pour la chasse au marais une prédilection d'autant plus méritoire que j'y ai gagné des douleurs à ne savoir qu'en faire. Selon moi, il n'en est pas de plus agréable en ce sens qu'il n'en est pas de plus fertile en imprévu. Lorsque vous êtes convié à battre des plaines ou des bois, vous savez d'avance à qui vous en prendre. Le perdreau, le lapin, le lièvre, le faisan, la caille — et accidentellement la bécasse — sont les invariables victimes promises à votre adresse. Auparavant, le garde-chef a travaillé trois mois au peuplement quasi artificiel des luzernes et des futaies. Le matin même du massacre, il a été porter sa pâture au coq qui tombera sous votre plomb meurtrier : il connaît le chevreuil que le rabatteur poussera dans votre direction — pour le rencontrer tous les jours dans le même massif, et leurs rapports sont si familiers qu'ils se demandent réciproquement des nouvelles de leur santé.

Au marais, c'est autre chose. Le gibier voyageur qui le fréquente n'y séjourne pas longtemps. Il y fait escale et déguerpit, sans avertissement, pour un rien. Une fantaisie du vent, un caprice du thermomètre, et le voilà disparu pour jamais. Les bipèdes nomades suivent dans leur déplacement un itinéraire qui change rarement. Qu'ils aillent du Nord au Midi ou du Midi au Nord, ils s'abattent dans les mêmes endroits — à la façon des voyageurs accoutumés à descendre dans les mêmes hôtels. Et s'il faut en croire les observateurs, ils se posent invariablement dans les mêmes herbages, où ils demeurent jusqu'à la minute de leur départ.

Dans de telles conditions on conçoit les aléas de la chasse au marais. Si l'on arrive sur les lieux le matin qui succède à une nuit où la sauvagine a pris possession du sol, la tuerie est telle qu'on ne sait où fourrer son butin. Quand le becot, le bécasseau et la bécassine « donnent », on a tout juste le temps de charger son arme, et deux fusils sont nécessaires — tant les canons s'échauffent vite. Par contre, si votre déveine vous amène au marais après une gelée blanche, vous avez beau battre les digues, les jonchaies et les graminées, il ne s'en envolera point une mouche. Les canards sauvages sont, en somme, de tous ces touristes ailés, les moins prompts à la fuite. On exploite leur gourmandise en leur ménageant des auges que l'on emplit de grains et puis on lâche à la surface des étangs des canards de leur espèce que l'on nomme *appelants*. Ces auxiliaires, qui sont disjointés et ne peuvent s'envoler, leur inspirent une confiance fatale.

Ajoutez à cela qu'ils ébauchent parfois des romans avec les canes domestiquées. L'amour achève alors l'œuvre perfide du garde. « La table est bonne, le site est calme et j'ai une camarade pleine d'agrément, se disent-ils, pourquoi ne resterais-je pas céans? »

Et ils restent jusqu'à ce que le chasseur, dissimulé dans une hutte ou caché derrière des claies de paille, décharge son fusil sur leur troupe. Ils expient par un trépas inattendu leur penchant à la bonne chère et l'incandescence de leur tempérament. Plus d'un, avant de rendre l'âme, doit maudire la traîtrise de « l'appelant » dont les coins-coins rassurent les plus timorés et attirent les plus hésitants.

L'appelant est une innovation qui a passé du domaine cynégétique dans le domaine social. Les hommes aussi ont des appelants chargés de faire tomber les gogos dans les pièges financiers et autres. Méfiez-vous du monsieur qui, dans un café, dans un cercle — voire dans un salon — vante comme une affaire excellente et féconde en bénéfices l'exploitation des mines de houille d'Enghien ou des placers de Saint-Denys. C'est un appelant; appelant aussi le fonctionnaire qui vante aux électeurs les qualités, l'abnégation et le désintéressement du candidat cher au gouvernement. L'ami qui vous dit tout bas : « Tu serais bien aimable de parler favorablement de moi à Madame X... et de lui insuffler que je suis spirituel, fidèle et riche », veut faire de vous un appelant — comme l'auteur dramatique qui recommande à son domestique d'applaudir sa pièce le soir de sa première — comme le tailleur qui habille à l'œil un décavé chargé de faire valoir la coupe de ses vêtements au Bois ou au théâtre. Appelés, méfiez-vous des appelants !

Le marais de Sacy-le-Grand se pratique en barque et à pied ; en barque, dans sa zone submergée, et à pied dans les portions où l'eau est à fleur de terre. Dans ce dernier cas, la botte imperméable Dubasta est indispensable, car, en beaucoup d'endroits, on enfonce dans la vase jusqu'aux genoux, et si la tige de votre chaussure n'est point très haute, vous emmagasinez des pintes de liquide qui alourdissent la marche et procurent des coryzas. Là où l'on chemine à pied sec, on foule un humus friable, tapissé d'une herbe sèche et coupante qui ensanglante les pattes des chiens — si on ne les a préalablement graissées de suif. Le mien, qui ne déteste pas la chandelle, a commencé par se lécher les pieds — si bien que j'ai dû recommencer l'opération plusieurs fois. Il ne s'est abstenu qu'à la quatrième tournée, et j'ai cru remarquer, à l'expression de ses yeux, que cette consommation avait fini par lui barbouiller le cœur. Il était temps... Il ne restait plus que la mèche !

Les indigènes du marais fabriquent, pour circuler dans les canaux et les mares accessibles par des chenaux étroits, des barques à fond plat d'une légèreté merveilleuse et dont la forme rappelle, en petit, celle des bacs suisses et allemands. Ces embarcations se frayent une voie dans les herbes les plus touffues. Trois pouces d'eau leur suffisent pour avancer à la gaffe magistralement maniée par le guide. Je dis « le guide » avec intention, car le profane se perdrait dans ce dédale d'éclaircies et de ruelles que la faux a percées en abattant les roseaux. Le canot glisse silencieusement, mystérieux et muet, semblable à la gondole des sbires vénitiens. Le batelier pousse à l'arrière. Le chien se tient à l'avant, prêt à s'élancer pour s'emparer de l'oiseau mis à mort. Derrière lui : le chasseur debout, l'œil et l'oreille aux aguets, le doigt sur la détente de la batterie.

Quand la nuit vient, la cérémonie n'est pas terminée, on se rend dans l'une des huttes et l'on attend là que les bandes de canards, après avoir tournoyé dans l'espace, se posent sur la nappe liquide où les appelants chantent leurs astucieuses mélodies. Si la lune est pleine, on passe la nuit dans cette cabane chaudement enveloppé de peaux de mouton. Parfois la fatigue est la plus forte et l'on s'endort, mais pas pour longtemps — car le garde qui veille en regardant l'étang par les meurtrières du refuge, vous arrache à votre torpeur par une légère pression du doigt et vous désigne d'un geste la légion tombée tout à coup du ciel sur le lac. Sans perdre une seconde, vous tirez dans le tas, et l'aurore naissante vous montre souvent vingt et trente victimes flottant inanimées, la tête pendante dans l'eau.

C'est alors que les surprises sont fréquentes. On a tué des animaux étranges, des grèbes, des palmipèdes à becs spatulés, des mouettes, des cygnes, des oies, des harles, des foulques, des vanneaux, des courlis et des pluviers ; certains chasseurs impatients envoient leur plomb sur les compagnies qui passent au-dessus de l'étang sans attendre qu'elles se posent — mesure excellente quand il s'agit d'oiseaux qui, dédaignant la société des appelants, se contentent de voler sur leurs têtes en leur criant : « Pas si bêtes de vous fréquenter... On ne nous la fait pas à la hutte... Nous allons nous installer plus loin ! »

Le jour de ma visite à Sacy-le-Grand, la bécassine nous avait joué le tour de quitter la place dans la nuit. Le canard prudent s'envolait à des distances désespérantes. Les sarcelles seules ont daigné s'offrir à nos fusils. Ce n'est pas qu'elles manquent de finesse et de prudence, mais en ce moment, elles étaient dans la période inflammatoire des fiançailles. Durant cette phrase amoureuse, elles oublient, à coqueter, de prendre leurs précautions accoutumées et, comme tous les amoureux, elles n'ont d'yeux et d'oreilles que pour « la bien-aimée », aussi, était-ce par couples que nos chiens et nos clameurs les faisaient lever. C'est ainsi que nous avons interrompu, à leur commencement, bien des liaisons, fait des veufs et des veuves et cassé des mariages convenablement assortis. Tel est l'inconvénient des chasses de cette époque où le cœur des bêtes brûle d'une ardeur périodique et où l'on éprouve, à tous les degrés de l'échelle sociale, le besoin de se créer de la famille.

Je ne sais pas de ménage plus gentil que celui de la sarcelle. Le mâle, de la grosseur d'une perdrix, semble fier de la brillante parure de sa petite tête ronde et de l'éclat de ses joues plaquées d'un plumage marron mordoré. Sa femelle, déshéritée sous le rapport de la toilette, tâche de lui faire oublier la simplicité de sa parure par des attentions délicates... Un garde me contait qu'il avait vu des sarcelles (dames) prendre du grain dans l'auge des canards appelants et le porter à leur bel ami, après l'avoir amolli en le trempant dans l'eau... J'attends encore la Parisienne qui ferait ça pour moi !

Un fait singulier, en manière d'épilogue.

Au moment de regagner le pavillon de chasse pour quitter notre attirail de Nemrod aquatique, mon chien fait lever une sarcelle qui gagne de vitesse et se met de suite hors de portée. Je lui envoie mon coup de feu à tout hasard, et je constate à son vol pénible et inégal que je l'ai blessée. Je la suis de l'œil. Tout à coup, une buse énorme fond des hauteurs du ciel sur la malheureuse, la saisit dans ses serres et l'emporte vers les pentes boisées des coteaux voisins.

Le drame a duré quelques minutes, mais l'impression qu'il m'a laissée subsistera dans ma mémoire. J'entendrai longtemps les plaintes de la sarcelle et je la verrai toujours, essayant, dans d'inutiles efforts, d'échapper au brigand ailé dont le bec lui crevait les yeux. C'est dans des cas pareils qu'on regrette les imperfections de l'armurerie de luxe. On voudrait avoir des fusils qui, pareils aux carabines de guerre, portent la mort à plusieurs kilomètres. J'aurais tué cette buse avec satisfaction. A ce désir vous opposerez deux réflexions :

La première, c'est que si j'étais humain, je n'essayerais pas d'occire des sarcelles inoffensives.

La seconde, c'est que, si je me mettais à tuer toutes les buses que je rencontre, j'aurais assez de besogne à Paris pour n'avoir pas les loisirs de poursuivre celles de Sacy-le-Grand.

XXXIV

PLAISIRS D'HIVERS. — LES CHATELAINS DE LA TOURAINE

Nous avons pris aux Anglais l'habitude de prolonger la villégiature.

Jadis, on rentrait à Paris dans le courant d'octobre; aujourd'hui, il est de bon ton de demeurer dans les châteaux jusque fin décembre.

Je pourrais même citer des personnes qui rougiraient de se montrer aux Champs-Elysées avant le printemps; je ne saurais en somme les blâmer, puisque je raffole des champs.

La campagne procure en hiver des sensations qui, pour être différentes des joies de l'été, n'en sont pas moins appréciées par les repus de club, de comédie et autres balthasards citadins. Les prés jaunis par les gelées et les bois dépouillés de leurs feuilles ont leurs ravissements et leur poésie. La bise glaciale de janvier est aussi saine aux poumons que les vents attiédis d'août. Et puis, chaque renouveau apporte ses plaisirs spéciaux aux friands de plein air. Si l'ouragan fait rage, si la pluie submerge les chemins, si la neige étend sur le sol son manteau d'hermine, on ressent des satisfactions égoïstes à rêvasser devant les bûches de l'âtre ou à considérer, au travers des vitres, les corbeaux qui tournoient au-dessus des charrues. J'ajoute que, toute villa (qui se respecte) possédant un calorifère, il est permis à cette heure à son propriétaire de s'y mouvoir du haut en bas — ainsi qu'en une serre discrètement chauffée.

Désormais, on pourra librement, et à toute époque faire sa cour à l'adorable Nature... Cette maîtresse-là ne vous trompe pas! Elle se suffit à elle-même par des moyens honnêtes. La forêt pour verdir et le fleuve pour couler n'attendent point le portefeuille de l'entreteneur, et la fauvette chante sur son rosier sans traité, sans bénéfice et sans congé!

Les enchantements de la campagne ne se ralentissent jamais. Le théâtre, les acteurs, les décors et les accessoires sont toujours prêts et la toile est toujours levée. S'il arrive qu'un costume se fane ou qu'un artiste soit pris d'un enrouement, la nuit survient réparatrice et et réconfortante — en sorte qu'à l'aurore, les choses revivent avec leur fraîcheur et leur verve premières.. On jurerait qu'un génie a profité des ténèbres pour promener sur les sites une époussette magique et verser dans l'âme des hommes et des animaux un surcroît de jeunesse et de santé!

Et dire que certains individus abhorent la campagne !

Un incorrigible boulevardier fut, un jour, amené de force par un de ses amis dans un château. On l'installa dans une vaste chambre dont les fenêtres donnaient sur des futaies admirables. Les branches d'un châtaignier séculaire, choisi pour domicile par un rossignol, projetaient dans la pièce une ombre et une fraîcheur édéniques. Arrivé le soir, le Parisien se coucha en maugréant de n'avoir point le *Temps* à sa disposition et ne cacha pas au domestique attaché à sa personne l'agacement que lui causait l'absence de tout bruit. Le lendemain, son amphitryon le trouva en train de consulter l'indicateur des chemins de fer.

— Comment as-tu dormi ? lui demanda-t-il.

— Horriblement mal. Je repars... Il y a, dans ton satané marronnier, un infect pierrot qui a *gueulé* toute la nuit !

O rossignol, divin ténor, barde des clairs de lune, pardonne à ce mécréant !

Alors que Paris me semble, malgré ses prétendues primeurs, la cité du vu, du connu et du prévu, la campagne m'attire comme un paradis où chaque lendemain apporte des impressions inédites et des extases inéprouvées.

Ainsi, en hiver — sans parler des attractions de la pêche et de la chasse — n'a-t-on point les chevauchées dans les forêts ou les promenades à pied au travers des plaines, d'où l'on revient — le nez rouge mais les membres assouplis — avec un appétit que jamais n'engendra la rue Montmartre et un contentement de soi que les opérations industrielles les mieux réussies et les baccaras les plus heureux procurent rarement? On se lève : on contemple les horizons doucement embrumés du matin, on consulte son thermomètre et son baromètre et, lesté d'un potage ou d'une tasse de thé, on s'en va dire bonjour aux chiens... Et c'est dans le chenil une allégresse générale ! Les queues frétillent à l'unisson. Tom et Ravageot vous accueillent comme s'ils ne vous avaient point vu depuis un an ! On passe ensuite à la basse-cour où les coqs vous saluent d'une fanfare avec des attitudes de capitan.

De là, vous vous rendez au jardin anglais : c'est l'époque où l'on profite de l'assoupissement des végétaux pour les transplanter. Aujourd'hui, on enlève un arbre d'une pelouse comme on change de berceau un enfant endormi. Lorsqu'il se réveillera au printemps prochain, quand sa sève circulera sous son écorce ranimée, il vous prouvera sa soumission en dressant vers le ciel ses luxuriantes frondaisons et ses panicules balsamiques.

Vous serez distrait peut-être par le bruit de la cognée qui abat les vieux troncs décédés du parc, ou par le cri de la serpe qui tranche les branches mortes — à moins que vous n'observiez le sécateur du jardinier, en train d'éteter les buissons, comme les ciseaux du coiffeur rafraîchissent les cheveux trop longs. Le tantôt, ce sera le tour du fermier qui vient rendre ses comptes ; de la cuisinière et du cocher, qui demandent les ordres et, pour peu que vous soyez affranchi, vers quatre heures, de ces menus détails, vous aurez à peine le loisir de courir au village, rendre sa visite au curé ou soulager l'infortune d'un paysan incendié.

Et demain ? Demain ce sera comme hier, et pourtant vous ne vous en apercevrez pas, car tous — bêtes et gens — se présenteront sous d'autres aspects, avec d'autres allures, d'autres besoins et d'autres paroles... J'allais oublier les événements extraordinaires : la vache qui a vêlé, le conseiller municipal qui a démissionné, le brochet capturé dans le verveux du pêcheur, le blaireau étranglé dans le piège du garde, la fille du sabotier « *qui s'a laissé enjôler* » et le fils de l'adjoint reçu vétérinaire.

Les châteaux des environs de Paris sont trop généralement connus, et les noms de leurs puissants seigneurs trop souvent prononcés pour qu'il soit nécessaire de les énumérer ici, mais on me saura peut-être gré de parler de ceux de Touraine — presque toutes habités, durant l'automne, par des Parisiens.

On mène à Tours et dans sa pittoresque banlieue une existence qui n'est qu'une succession de délassements sportifs et de distractions mondaines. Je vous défie de parcourir cent mètres hors de la ville, sans croiser vingt breaks — attelés de postières —

dont le personnel dépasse, en nombre la population de certains hameaux.

D'ordinaire, autour de ces ruches roulantes, galopent une dizaine de cavaliers civils ou militaires. Les uns chevauchent devant — en éclaireurs ; les autres se tiennent aux portières à la façon des écuyers galants et lancent des madrigaux aux dames. Quelques-uns ferment la marche, ruminant des bons mots qu'ils écouleront tout à l'heure entre la poire d'Angleterre et le fromage d'Olivet.

L'hospitalité qu'on reçoit dans les manoirs Tourangeaux est cordiale, sinon fastueuse. Dans les plus graves de ces antiques les fenêtres apparaissent maintes fois illuminées dans la nuit. C'est la comédie ou le souper qui ouvrent ces prunelles enflammées sur les campagnes endormies. Dans les autres, les plaisirs de toutes sortes, — depuis le cotillon jusqu'au poker, en passant par les tableaux vivants, — allument les lustres et les fourneaux jusqu'à l'aube. Il n'est pas sans exemple qu'à l'extinction des lumières succède, dans les couloirs sonores, l'hilarité des farceurs dont les niches ont porté... Malheur au gentleman, qui, avant dîner, n'a pas pris la clef de sa chambre après avoir endossé son habit et ceint son col de la cravate blanche réglementaire! Il court le risque, en se couchant, de s'affaisser sur des œufs frais, malignement glissés sous son drap. Ou bien il cherche en vain ses effets de nuit, et sa commode fermée le force à s'endormir sous le plastron empesé d'une chemise plus raide que le zinc des toitures.

C'est aussi son pot à l'eau qui bascule au-dessus de sa couche — grâce à une corde de transmission attachée à son traversin. Parlerai-je des vêtements enduits de poix intérieurement, des feutres à coiffe frottée d'ail, des cartouches dont le plomb a été retiré, des bottes où l'on insinue des grenouilles, des culottes décousues aux endroits les plus scabreux? Je tais à dessein certaines fumisteries plus... gauloises, qui valent à leurs victimes des malaises aggravés par la clôture hermétique du *retiro* que vous savez. Ces gamineries manquent souvent de sel et de distinction, mais leur effet est sûr, et le plus sot — de qui les imagine ou de qui les subit — est encore l'invité susceptible qui, prenant mal la plaisanterie, ne mêle pas son rire au rire de la galerie.

XXXV

CHASSES A COURRE

Un gentilhomme de sept ans, devant lequel on avait conté la première prise du vautrait de M. Servant, en forêt de Villers-Cotterets, sauta sur mes genoux, après dîner, dans un coin du salon, et me demanda de lui expliquer la « chasse à courre ». Je me trouvai fort empêché.

— Mon enfant, lui dis-je, la chasse à courre c'est une grosse bête que des hommes, des dames et des chiens poursuivent à pied, à cheval et en voiture jusqu'à ce qu'elle tombe de fatigue... On l'achève en lui plongeant un poignard dans le cœur.

Le bambin me proposa, séance tenante, de « jouer à la chasse à courre » : je ferais le sanglier en marchant à quatre pattes, et, lui, tâcherait de m'atteindre à travers les meubles pour m'enfoncer, finalement, entre les côtes, un couteau à papier dérobé sur un guéridon. Je déclinai l'offre du jeune veneur en un refus qui nous brouilla complètement, si j'en juge par la langue qu'il me tira avant de recourir à la complaisance d'un autre convive. Outre qu'il me paraissait humiliant et... laborieux de céder à son caprice, je ne me souciais pas de voir mes chevilles servir a la cérémonie dite « honneurs du pied. »

Je n'assiste jamais aux honneurs du pied sans me rappeler la réflexion d'une jolie étrangère conviée à un laisser-courre dans les Ardennes. Elle était absolument neuve dans ce genre de sport et murmura, lorsqu'on lui remit le pied de la victime :

— J'aurais préféré la cuisse !

La chasse à courre est, pour employer l'expression de nos pères, « un noble deduict » passionnément pratiqué aux alentours de Paris. C'est un plaisir qui a ses fanatiques et ses abonnés — en dehors des gentlemen « à bouton » forcés d'assister aux agissements de l'équipage dont ils font partie. Je sais des dames qui n'en manquent pas une. Dans notre zone, les prises s'effectuent rapidement et classiquement, grâce à l'emploi des chiens anglais, qui sont fort vites, si bien qu'à moins d'incidents ou de complications imprévues, il est ordinaire, après avoir déjeuné chez soi à dix heures, d'y rentrer pour dîner à six, et d'aller songer ensuite, dans sa loge à l'Opéra, aux épisodes cynégétiques de la journée. A l'époque où le vicomte O. Aguado était adjudicataire de la forêt de Fontainebleau, il lui est très souvent arrivé de quitter le club à midi, et d'y reparaître à cinq heures, après avoir servi un dix-corps dans les gorges d'Apremont... ou ailleurs.

Il est évidemment plus sain et moins dispendieux de suivre une chasse à courre que de consumer ses tantôts dans les magasins du Louvre ou de jouer au poker. Aussi, je serai ravi d'arracher les enfiévrées de chiffons et les affolés de brelans à leurs coûteuses manies pour les pousser aux laisser-courre de notre banlieue. En attendant, je veux consigner ici le nom des maîtres d'équipage et le théâtre de leurs chevauchées — à titre d'indication provisoire.

M. Éphrussi chasse le cerf dans la forêt de Fontainebleau ; le sanglier est réservé à M. de Greffhule, dont la meute de fox-hounds opère également dans les taillis de Bois-Boudrant. A Villers-Cotterets, M. Servant poursuit le sanglier, tandis que le cerf est dévolu à l'équipage de M. Menier. A Chantilly, c'est M. de Lubersac — déjà nommé — en attendant la formation définitive d'une société, dont feront partie MM. de Vallon et Serge de Morny. M. Labitte est maître de la forêt d'Halatte et M. de Vatimesnil dispose de celle de Lyons. A Compiègne, le cerf est couru par MM. Olry et de Lubersac avec l'équipage de M. de Maillé (la rage ayant récemment sévi dans le chenil de M. de Lubersac et nécessité la pendaison de tous ses chiens). Le marquis de l'Aigle a loué la forêt de Laigue pour son vautrait. Les laisser-courre de la duchesse d'Uzès, dans les futaies de Rambouillet, sont trop connus pour avoir besoin d'être mentionnés. Ce qu'on sait moins, c'est qu'on n'y chasse plus le sanglier depuis la retraite du vautrait du prince de Joinville.

J'estime qu'un équipage de chasse à courre et l'entretien du personnel (bipèdes et quadrupèdes) qu'il nécessite, reviennent à 80,000 francs par an. En Angleterre — où tout est plus cher, et, avouons-le, plus soigné — un équipage représente un débours annuel de 150,000 francs, c'est assez dire que la chasse à courre est délassement de grand et opulent seigneur !... J'en sais de ruinés qui, non par vanité, mais par sincère amour de la chasse, ne regrettent de leur fortune disparue que les moyens de nourrir une meute. On ne se doute pas des joies que procure le pourchas d'un animal. Ses ruses, ses feintes, ses résistances dernières sont autant de sources de jouissances toujours nouvelles, bien que mille fois ressenties. Ajoutez à cela les enchantements du décor sylvestre — dans lequel se meuvent les habits rouges, les amazones, les carrosses, les valets — et où clament les chiens et sonnent les trompes — vous comprendrez peut-être le veneur décavé qui, me montrant par sa fenêtre un affreux roquet brûlant le poil à un chat fuyant sur le trottoir, me disait d'un ton mélancolique :

— Sans le baccarat et la bouillotte je me payerais des fêtes comme lui !

Toute les chasses à courre ne comportent point le même luxe de collaborateurs et les mêmes apprêts somptuaires. Je dirai même plus : j'estime que du haut des cieux, sa demeure dernière, saint Hubert doit apprécier davantage le cavalier hardi qui s'aventure, seul avec deux ou trois chiens, sur la piste d'un solitaire... J'ai eu la douleur de perdre un frère que la forêt de Hay (près Nancy) a vu pendant près de dix ans forcer à pied des animaux, accompagné d'un unique valet — appuyant lui-même ses trois chiens bien gorgés et servant deux fois sur quatre de sa carabine des particuliers qui pesaient jusqu'à trois cents ! Ces équipées n'ont point autant d'allure que les hallalis pompeux, mais elles sont autrement pénibles !

Elles donnent lieu à des retraites moins solennelles mais plus fertiles en satisfactions intimes... Je n'oublierai jamais la fierté de mon frère lorsqu'il regagnait, le soir, son logis, dans sa charrette anglaise, dont les ressorts gémissaient sous le poids du monstre mis à mort. Ça ne marchait pas à souhait tous les jours : la nuit tombait parfois sans que la bête ait été forcée ; il arrivait qu'elle se forlongeât après avoir ouvert les flancs d'un ou deux chiens — ce qui réduisait la meute à une seule gueule — mais quel ravissement quand, d'une balle bien placée, le tenace veneur couchait sur la bruyère un farouche ragot, et que deux semaines plus tard nous dévorions son cuissot savamment mariné !

Le lièvre se chasse beaucoup à courre, en Champagne. Un collègue de Reims m'écrit pour me signaler celui qui, après deux heures de randonnées, s'est allé blottir dans l'église d'un hameau — prouvant une instruction peu commune chez les individus de son espèce. Qui se serait douté qu'un lièvre connût l'inviolabilité des temples et la vie assurée à ceux qui s'y réfugient? Le « capucin » dont me parle mon correspondant, a eu sa grâce. Cueilli par les oreilles, il a été rendu à ses plaines bien-aimées. Quand il s'est gîté le soir, il a dû, avant de s'endormir, remercier le ciel de sa protection. La seule chose à craindre, c'est qu'il ait conté son aventure à ses camarades et que ceux-ci prennent désormais leur parti dans la direction des porches ruraux ! Nous avions déjà le rat d'église... voici venir le lièvre d'église...

. . . .

La neige a fini par tomber; elle a été fort mal accueillie en ce sens qu'elle a contraint les chasseurs à tir à s'exercer sur les seuls lapins. On s'était fort heureusement payé de copieuses hécatombes de faisans, de lièvres et de chevreuils, autour de Paris, les jours qui ont précédé l'avalanche. Des tableaux superbes ont couronné l'adresse des appelés à Sainte-Assise, par M. de Camondo, à Mandegris, par M. de Rothschild, et aux Bergeries par M. Cahen d'Anvers. La bécasse s'est montrée abondante et grasse... Or, on sait que tuer un bécasse est le desideratum suprême des fils de Nemrod, dont le fusil apprécie particulièrement les oiseaux de passage «*à vol cassé*».

L'après-dînée, déjà lointaine, qui m'a vu abattre ma première bécasse est restée présente à ma mémoire. J'étais si content que j'eus l'envie de quitter mes amis pour aviser ma famille de mon exploit par dépêche. Encore aujourd'hui, le meurtre d'une bécasse me cause un réel émoi — d'autant plus agréable que je le commets rarement. Cette diable de bête me bouleverse au point que je la manque volontiers. Lorsque les rabatteurs annoncent sa « levée », leurs cris me communiquent un tremblement qui me rend plus bécasse qu'elle... Et lorsqu'elle m'arrive « à belle », son long bec et son vol brisé me troublent au point que mon coup de feu va se perdre dans des branches innocentes qui crépitent, hachées par mon plomb dévoyé.

C'est dans ces circonstances que j'envie leur infaillible précision aux Caillard, aux de Rougé, aux Drevon, aux de Quelen — dont le tir stupéfiant rappelle l'adresse des Carver et des Ira Paine. L'un de ces messieurs a, dit-on, récemment soutenu un match singulier : il a parié tuer autant de pièces avec un antique fusil à pierre que son partner armé d'un excellent shoke-bored anglais... Et il a gagné son pari après avoir occis dix perdreaux, trois cailles et six faisans !

Chantons la gloire du vainqueur, mais plaignons ses victimes — profondément vexées sans doute d'avoir péri sous les coups d'un vieux flingot de garde national !

XXXVI

ENCORE DES LAISSER-COURRE. — LES RÉGATES INTERNATIONALES DE CANNES — HISTOIRE DE TREMBLEMENT DE TERRE

Cette fois, mes souvenirs sont moins agréables.

Vivre en plein air, pourrait s'appeler vivre en pleins rhumatismes.

C'est qu'aussi, on n'a pas idée d'un temps pareil ! Le mercure des thermomètres, réputé pour ses caprices ascensionnels et descensionnels (l'adjectif n'est pas français, mais je le risque), stationne aux environs du point O avec l'air de vouloir s'y fixer définitivement, et alors, les névralgies, les lumbagos, les coryzas et les bronchites s'en donnent à cœur-joie !

Je me figure que les fabricants de coutil et de mousseline doivent envisager l'avenir avec mélancolie. Nous voilà au printemps, depuis avant-hier, et les calorifères ronflent comme au plus dur de l'hiver.

Des pierrots, qui, tous les ans, construisent leur nid entre mon mur et les persiennes de ma fenêtre, paraissent prévoir un été à fourrures et une canicule de pôle Nord. Je les observe qui choisissent de préférence pour la construction de leur demeure des chiffons de laine et des débris de ouate. L'un d'eux, pas plus tard qu'avant-hier, saisissait au vol des flocons de neige qu'il croyait être des parcelles de coton emportées dans l'espace... Et son petit œil noir avait l'air tout contristé de sa méprise. Le fait est qu'il est vexant de prendre un sorbet pour de l'édredon ! La Providence a peut-être remis le portefeuille des saisons à un ministre distrait qui oublie de consulter le calendrier. Ce sont des négligences pardonnables à des Excellences terrestres, mais dont il est difficile d'excuser les membres d'un cabinet aussi élevé.

Je préférerais que le marronnier du 20 mars, qui réclame trois gilets de flanelle à tous les cantonniers des Champs-Elysées, se mît à bourgeonner un brin.

Il faut un courage véritable et un épiderme cuirassé pour entreprendre des laisser-courre au travers de ces frimas et de ces giboulées. Jeudi dernier (mi-carême), alors que les blanchisseuses grelottaient sur leurs chars, le vautrait du vicomte Henri de Greffulhe, méprisant la bise et bravant l'onglée, attaquait à midi un ragot en forêt de Fontainebleau et le portait bas après six heures de chasse, à la Croix du Grand-

Maître. MM. Lambrecht, de Dampierre, et Diesbach, Gustave de Borda, comte Lavaur, Mareuil de Cerivillo (qui a eu les honneurs du pied), de Porcaro, d'Astier, de la Vigerie et autres chevaliers... sans peur de rougir leurs nez et de geler leurs mains, assistaient à l'hallali.

L'animal s'est fait battre dans l'une des plus belles portions de la forêt — portion peu connue et peu fréquentée... Les cochers n'y mènent jamais le touriste, invariablement condamné aux gorges de Franchard ou à la contemplation de quelques vieux arbres. C'est dans ces parages que se trouvent des sites sauvages et solitaires dont le caractère tranche absolument avec les futaies civilisées et les grès citadins des zones journellement explorées. Qui, par une belle matinée d'automne, n'a pas vu le « rocher Besnard » avec ses bouleaux grêles émergeant des bruyères, ne connaît rien des véritables enchantements sylvestres. Qui ne s'est pas arrêté au pied de la Male-Montagne, mamelon énorme à l'aspect sombre et défendu de tout accès profane par des ronciers séculaires, ignore les impressions forestières qui émeuvent, bouleversent, épouvantent même et font comprendre les légendes de monstres et de géants réfugiés dans des antres inaccessibles, où ils dévorent les voyageurs attardés et les chasseurs imprudents. La Male-Montagne contient des repaires et des forts où les animaux, sûrs d'échapper à la rencontre de l'homme, se tiennent volontiers.

Les chiens les plus hardis renoncent à fouler ses

épines gigantesques. J'y ai jadis tiré deux coups de fusil sur une bande de sangliers qui a disparu dans d'infranchissables fourrés, pour reparaître soixante mètres plus loin sur un tertre. En cet endroit, la troupe s'est arrêtée un instant. Le plus vieux de la compagnie a paru me désigner à ses camarades, qui ont poussé des grognements ironiques à l'adresse de ma maladresse, et tout est rentré dans le grave silence habituel à cette thébaïde farouche et touffue.

Le rocher Besnard est le quartier préféré des chevreuils et des peintres. Ces deux espèces d'indigènes y vivent en si parfaite intelligence qu'un jour de l'an de grâce 1867 le paysagiste Teinturier, entendant remuer derrière lui, se retourna et vit un brocard qui regardait agir son pinceau. Son mouvement mit la bête en fuite, au moment peut-être où elle allait lui dire, comme le paysan de Barbizon, planté derrière Millet en train d'esquisser une scène champêtre :

— C'est tapé, ça !

Les vautraits de Seine-et-Marne n'ont point seuls bravé la froidure. C'est, dans la Somme, le vicomte d'Applaincourt, qui attaque et prend une laie de 160 livres. C'est, à Hesdin, dans l'Artois, M. de Saint-Aignan, qui sert un énorme solitaire devant une assistance aussi ardente que lui aux « déduits de vénerie ». J'ai nommé le vicomte et la vicomtesse d'Hébrard, le baron Coulombel, les deux jolies demoiselles Houzel, Madame Watine, la comtesse de Carné-Trecesson, une des plus intrépides sportswomen de la contrée ; le comte de Carné, les commandants Got et Geslin, le comte d'Aurigny, le capitaine baron du Ribert, M. Le Bacheli, le baron Marion, etc.

Dans Saône-et-Loire, M. Villegente, lieutenant de louveterie, opère au travers des forêts du Puy-Thomas, Chadenne et Lagrange, si vives en sangliers qu'il a compté l'autre jour jusqu'à sept animaux qui divisèrent sa meute et jetèrent le désarroi dans les rangs des écuyers.

L'équipage de MM. de Brigode et de Taisne, en déplacement dans la forêt de Châteauvillain, a en l'espace d'une quinzaine, pris trois dix cors et deux daguets. Le dernier laisser-courre a été particulièrement brillant. Étaient présents : LL. AA. RR. Mgr le prince de Joinville et madame la princesse de Joinville, comte Costa de Beauregard, comte Romain du Gardier, M. de la Motte, vicomte du Plessis, baron et baronne de Marcy, comte de Bryas, M. et madame de Piepape, M. de la Seraz, etc., etc.

Je consigne ici ces récentes nouvelles, sans préjudice de celles que nous avons des meutes de MM. Servant et Menier donnant, comme toujours, à Villers-Cotterets et à Chantilly, des preuves de leur ardeur et de leur excellente direction.

— ———— —

Un temps superbe et une mer calme ont favorisé les régates internationales de Cannes. Pendant les deux jours de courses, une belle brise d'est a soufflé avec modération.

Le départ a lieu au mouillage, classe par classe et en commençant par la plus grande. Cette façon de procéder, quelque peu critiquée par les gens qui se placent au seul point de vue nautique, a cependant l'avantage d'offrir le spectacle d'un appareillage qui n'est certes pas à dédaigner.

Dès le premier tour, une lutte très vive s'engage entre *Fieramosca* et *Ville de Marseille ;* la course entre ces deux yachts, dont le premier est étroit et profond et le deuxième très large (5ᵐ 50), offre un intérêt tout particulier. Rien n'en fait prévoir le résultat, lorsque tout à coup l'immense voilure de *Ville de Marseille* s'abat. Le mât s'est cassé à hauteur de la barre de hune. Il n'y a heureusement aucun accident de personne à déplorer.

Viennent ensuite *Rigoletto* et *Isa*, qui se fait mettre hors de course en abordant et coulant le bateau-but de l'Ouest. Après avoir recueilli l'un des deux hommes qui étaient dans ce bateau, et avoir vainement essayé de prendre l'autre qui est secouru par *Bonita II* — *Isa* rentre au port.

Le vieux *Phare*, aujourd'hui *Bonita II*, n'a rien perdu des qualités de ses premières années (1872). Il enlève avec facilité le premier prix de sa classe.

Dans la cinquième classe, le premier prix est remporté par *Horizon*, suivi de près par *Conchita* et *Petchili*.

Suquetan, non ponté, et *Blue-Rock*, ponté — les deux meilleurs marcheurs de la 7ᵉ classe — font aussi un très joli parcours.

Et puis ce sont les bateaux de travail qui, tout en n'étant pas construits exclusivement pour la vitesse, n'en comptent pas moins dans leur escadre de fins voiliers, tels que *Houle*, *Egide*, *Étoile du Nord*.

La course d'ensemble, entre tous les yachs ayant couru la veille, a eu lieu pendant la 2ᵉ journée.

Même temps que la veille, la brise paraît cependant devoir être plus forte, ce qui fait prendre des ris à la plupart des bateaux engagés.

Le départ a lieu du mouillage, sous le vent du bateau juge, et ne doit compter que du virement de ce bateau. Les partisans des deux genres de départ seront satisfaits.

Dès le début, *Fieramosca* prend le devant et gagne progressivement une avance que seul *Bonita II* peut lui disputer, grâce à l'allégeance.

En somme, deux excellentes journées qui nous forcent à rendre hommage à l'Union des Sociétés nautiques de la Méditerranée. Ces régates ont eu pour les amateurs un attrait tout particulier, tant à cause des nationalités diverses des concurrents (anglais, italiens et français) qu'à cause de la diversité des constructions.

Les prix ont été partagés de telle sorte que le succès appartient non au genre du bateau et à son mode de construction, mais au bateau lui-même.

Dans le pays, à propos des derniers tremblements de terre, on raconte qu'à Ceriano (frontière d'Italie), un pauvre marchand de lait a été enseveli sous les décombres de sa chaumière, située à quelque distance de la ville. Comme il avait l'habitude de faire sa tournée vers quatre heures du matin, chacun supposa qu'il n'avait couru aucun danger; mais lui aussi avait fêté le carnaval et il était encore couché, au moment du tremblement de terre. Le chien, qui a l'habitude de tirer sa charrette de lait, retrouva la piste de son maître, se mit à déblayer les décombres, jusqu'à ce qu'il eût mis à nu la tête du pauvre laitier. Le visage du malheureux était couvert de blessures d'où le sang coulait; le chien se mit à le lécher; puis, voyant le sang couler toujours, il comprit que ses efforts étaient inutiles, et il alla prendre dans sa gueule le pan de redingote d'un passant, pour que celui-ci vînt au secours de son maître. Le passant, croyant avoir affaire à un chien enragé, se dégagea et s'enfuit. Une seconde personne, mieux avisée et devinant le désir de l'animal, se laissa faire, c'est-à-dire mener jusqu'à l'endroit où gisait le laitier qu'il tira de dessous les décombres avec l'aide de deux personnes de bonne volonté. Avant-hier, le ministre des travaux publics italiens, M. Genala, s'étant rendu à Ceriano pour visiter le théâtre du sinistre, trouva le laitier commodément installé sous une tente, la tête enveloppée de bandages, et soigné par son chien fidèle étendu auprès de lui.

Ce chien me ramène, en France, à d'autres toutous fort intéressants qui ont eu la visite du grand-duc Nicolas Nicolaïewitch de Russie, accompagné de son aide de camp le général de Laskowsky. Je veux parler des griffons d'arrêt français de M. Emmanue Boulet, d'Elbeuf. Le prince, qui est grand chasseur et aime tout ce qui est vraiment français, a vu travailler en plaine plusieurs des chiens de M. Emmanuel Boulet, dressés dans la perfection par M. Léon Verrier. Certains sujets, malgré l'époque défavorable et la campagne absolument nue, ont fait de merveilleux arrêts sur des perdreaux.

Le grand-duc a vivement félicité M. Emmanuel Boulet des résultats si remarquables qu'il a su obtenir, EN CHIENS FRANÇAIS, par la sélection, dans son élevage ; il lui a offert *deux mille francs* d'une jeune chienne de dix-huit mois, *Mascotte*, que M. Boulet a cru devoir refuser, voulant la garder pour son élevage.

Cette chienne a tout à fait grand nez — comme le meilleur pointer.

Je reviens aux chasses à courre qui ont droit à une place spéciale dans ce livre.

En Touraine.

L'équipage du baron de Champchevrier, dans la voie du cerf (piqueur Bourgoing), chasse dans les bois d'Andillon, de la Motte, ainsi qu'à Brémille où il découple sur le chevreuil avec l'équipage de M. Laroche de la Jumelière, près Langeais. L'équipage de M. de Beaumont chasse en forêt de Beaumont. Celui de MM. Castellane et Fitz-James en forêt de Rochecotte. En forêt de Villandry: équipage de Hainguerlot (chevreuil), piqueur : Picou. — Monté à l'anglaise, chiens anglais. Equipage Puységur (cerf) piqueur :

Michel — chasse à Grillemont. Excellent équipage de MM. de la Motte et Johnston qui opère un peu partout, principalement dans les bois de madame Marillon. A Montrichard, c'est M. de Bodard, avec deux associés. L'équipage de la Croix — piqueur Vol-ce-l'est, précédemment au service de M. de Rancougne, attaque uniquement le chevreuil. Maîtres : MM. de Laverujat, Drake de Castillo, E. Lefebvre, qui foulent la forêt d'Amboise, propriété de la princesse de Clémentine de Saxe-Cobourg-Gotha. Au commencement et en fin de saison, ces messieurs découplent, sur le cerf, avec l'équipage Hainguerlot précité. Equipage parfait sur la voie du chevreuil appartenant à M. J. Archdeacon, propriétaire du château de Beaumarchais : chasse aux environs d'Autreche, à trois lieues N.-E. d'Amboise.

En forêt d'Ecouves, le marquis de Chambray (dont je parlerai plus loin) a pris récemment six grands animaux. Son co-fermier est le vicomte de Levis-Mirepoix, qu'un deuil a retenu chez lui cette année, et contraint de céder sa place à son ami le marquis de Larochefoucauld. Le terrain, très rocailleux en certains endroits, trop mou en certains autres, rend la chasse particulièrement difficile et fatigante. Le marquis de Chambray fait deux déplacements importants, l'un fin novembre et l'autre en février. Ses laisser-courre sont ordinairement suivis : à cheval par MM. Tommines, Hincelin, Berthier, Houel, de Beauregard, du May, Raymond de Couëspel, capitaine G. de Lagarenne, comte de Clinchant, Pierre Donon, Mery de Bellegarde, Le Tourneur, Maillard, etc., etc. En voiture, par mesdames de Lagarenne, Houel, de Moloré, Le Tourneur, comte et comtesse Maurice d'Amilly, Laurent, Berthier, Raymond de Couëspel, etc., etc.

En forêt d Estrées (Somme), c'est le vautrait de M. de Franqueville et du comte de Rougé... Tout récemment, le fils aîné de M. de Franqueville faisait un coup double dont on parle encore dans le pays : un lapin et un sanglier tués *à balles.* Ce haut fait ne rappelle-t-il pas celui — moins officiel — du chasseur indou, qui, avec du 0, abattait un colibri d'abord et un éléphant ensuite ?

Dans les Charentes (en forêt de Braconne), retentissent les exploits de veneurs émérites qui se nomment vicomte de Dampierre, Joseph de Villemandy, de Rouv, Bizat, Sébillé, etc., etc.

Dans la Vienne et dans le Berri, les chiens de M. le comte de Pully attaquent dans la voie du cerf et dans la voie du chevreuil.

Dans la H ute-Marne, c'est le comte de Brigods chassant spécialement le cerf dans les forêts de Toucy-Saint-Gaubain, d'Ourscamp et de Châteauvilliers.

En Poitou, c'est la Société du Rallye-Poitou, composée de MM. le marquis de Sevelinges, baron R. de Coral, Gouge, du Verrier, Favre et ae Lardinière. Les invités qui sont ordinairement présents aux hallalis sont MM. le vicomte Ansart de Fresnet, Paul de

Maschureau, comte François de Nachère, Louis de Mascureau, comte Henri de la Porte, Raoul Thibault Maichin, le comte de Beaucorps, Bonnet, etc.

Dans le Blaisois, à Pontlevoy : M. Pierre de Rodays, dont l'équipage se compose de vingt bâtards poitevins tricolores, chasse exclusivement le chevreuil au bois de Houetteville, que fréquente également le marquis de Trebons, avec un excellent vautrait. En forêt de Selian, équipage sur la voie du cerf, appartenant au comte de Maulmont.

Si nous nous portons vers l'ouest, nous trouvons : Le vautrait de M. Roquigny-Haubert. Depuis sept semaines en déplacement dans la forêt d'Eu, il vient de sonner son huitième hallali ! Il a pris cent sangliers en trois ans. Le vautrait comprend 50 bâtards, un piqueur, un valet de limier, deux valets de chiens. La tenue : gros vert, revers grenat : le bouton porte une tête de loup avec jarretière Rallye-Lacvy.

Les membres de l'équipage ne sont pas nombreux, mais ce sont de vrais veneurs : le comte de Clinchamp-Bellegarde, A. Havé et Max Thélu.

A citer, également dans la Seine-Inférieure, l'équipage dans la voie du cerf de M. Malfilatre (forêt de Bretonne) et celui de M. Bardin (forêt de Roumare, près de Rouen). M. Bardin est un veneur très expert, très correct. Il découple depuis une quinzaine d'années ; il en est a son cinq centième cerf — cinq centième, vous avez bien lu !

Le comte de Boisgelin courre le cerf à Broglie-

Conches et Beaumont-Le-Royer. Son équipage est admirablement tenu, et l'on a pu souvent remarquer, à l'exposition canine, sa belle meute composée de chiens superbes. E. Choplin est premier piqueur depuis de longues années. Ses laisser-courre sont très appréciés : on y remarque, en outre du chef d'équipage et de ses fils, la baronne de Vigan, madame de Clercq, de Gauville, etc., etc. MM. le comte Danger, baron de Vigan, de Clercq, comte de Sarcus, Foache, de Gauville, Hugues, Le Ménager, etc.

M. J. Olry, veneur normand et parisien à la fois, puisqu'il possède la forêt de Compiègne, découple dans les forêts de Bourth, Breteuil et Conches. L'équipage est installé en pleine forêt de Breteuil, au château de Souvilly.

C'est de cette demeure — hospitalière entre toutes — que partent, le mardi et le samedi de chaque semaine, les membres de l'équipage, après un repas copieux et plein d'entrain, pour aller frapper à la brisée aux environs du château. Il est bien rare que la chasse ne se termine pas par l'hallali : les chiens sont très vites, assez criants pour des bâtards, et bien créancés ; les deux hommes à cheval, Ballon et Charlot, sont d'excellents piqueurs. Tous les châtelains des environs assistent en grand nombre aux chasses de Souvilly ; parmi les plus assidus on cite : le comte et la comtesse de Jarnac, M. et madame A. Fouquet, MM. de Rivocet, H. Sargenton, Hugues, de Chezelles, de Berthier, de Gasté, Rossignol, de Boisgdin, Morgon, Firmin-Didot, etc., etc.

M. de Vatimesnil et le vicomte d'Onsembray ont longtemps réuni leurs deux meutes ; mais aujourd'hui ces deux veneurs se sont séparés. Le vicomte d'Onsembray chasse à Lyons, à Dreux et à Saint-Poroult ; sa saison dernière a été très brillante : ses chiens ont forcé une trentaine d'animaux. M. de Vatimesnil prend quelques dix-cors à Lyons et à la Ferté-Vidame. M. de Cornalier découple sur le cerf à Cerisy-la-Forêt, à Andaine et à Saint-Sœur. Il vient de terminer son déplacement en Andaine ; l'équipage a fait dix chasses, et dix fois on a triomphé. Tous les laisser-courre ont été conduits avec entrain, et les cerfs pris en deux heures. Assistaient aux chasses de l'équipage : MM. de Cornalier, M. et madame de Maleyssie, MM. de Frotté, d'Amilly, d'Annoville, comte et vicomte de Malterre, etc. Le vicomte de Lévis-Mirepoix, député de l'Orne, possède encore un fort bel équipage. Plusieurs deuils ont interrompu les chasses qui avaient lieu à Ecouves, à Logny, à Bellême et à Perseigne.

Je vous citerai, encore ici, l'équipage si connu du marquis de Chambray. C'est un équipage à part et qui appartient presque à la légende : songez que depuis plus de trente-cinq ans les chiens blanc et orange du marquis font retentir de leurs gorges sonores toutes les forêts normandes. Les campagnes les plus brillantes ont été celles de 1878-79 où on enregistrait 61 prises sur 63 attaques, et de 1881-82 où la meute forçait cinquante-six cerfs sans en manquer un seul. Ces résultats sont merveilleux, surtout quand on considère que les animaux ne sont jamais servis qu'au couteau, et que les chiens changent constamment de terrain — car le marquis de Chambray ne découple qu'exceptionnellement plus de trois fois de suite dans la même forêt.

L'énumération des nombreux veneurs qui suivent les laisser-courre de l'équipage dans ses différents déplacements serait trop longue : nommons les plus assidus : MM. le comte de Rostolan, le marquis et le comte de Bourg, A. de Morgon, de Bellegarde, Thomine-Desmazures, E. Waddington, de Gastay, de Cernay, comte de Clinchamp, Firmin-Didot, baron de Vigan, comte de Malterre, Sargenton, Riquedat, etc., etc.

Quant à la semaine de la Saint-Hubert, elle a vu tant de laisser-courre que l'on peut dire sans crainte de se tromper que tous les équipages de France ont donné. Il y a eu une brillante réunion à Lancosme, chez M. le baron de Lestrange. Parmi les veneurs et les amazones, se trouvaient : Madame de Lestrange et ses quatre fils, M le comte et la comtesse de Vaugelas, marquis de Campaigno, M. et madame Touchard, M. et madame d'Azy, M. de Tocqueville, M. de Montalivet. La chasse a été de cinq heures et un cerf dix-cors a été pris.

Dans la forêt de Laigue, l'équipage de M. le marquis de l'Aigle a pris un dix-cors jeunement. Etaient présents : M. le marquis de L'Aigle, MM. Archedeacon, Bell, Binder, de Boulancy, Bouret, de Failly, comte de Foix, marquis de Ganey, Guillemot, Moral, de Roydwille, de Villeplainte. L'équipage de M. Henri Menier, à Villers-Cotterets, a attaqué un daguet en présence d'une cinquantaine d'invités, et l'animal a été porté bas après trois heures de chasse. En forêt d'Hallate, chasse très émouvante. Un dix-cors, chassé depuis deux heures, a fait tête aux chiens au moment où, forcé, on sonnait l'hallali, et a blessé deux chevaux avant de tomber épuisé.

XXXVII

LES SONNEURS

De même que les cloches des temples élevés à la gloire de Dieu rappellent aux hommes le retour annuel des solennités religieuses — de même les concerts assourdissants que donnent les trompes, dans l'entresol des marchands de vins, rappellent aux Parisiens le retour des jours gras. Il est entendu que, pendant 72 heures, les gaillards à poumons robustes ont le droit d'écorcher les oreilles de leurs semblables. Ces cacophonies ont le don de m'agacer au superlatif. Je regrette l'olifant de Charlemagne et le cor de Roland qui, n'ayant qu'une note, n'avaient, à leur service, qu'une seule façon de molester les tympans. Grâce au progrès, qui a allongé de quatre mètres la trompette de Roncevaux, et l'a enrichie d'une gamme presque complète, le cor de chasse est devenu un engin de torture dont le mercredi des cendres affranchit, heureusement, nos nerfs exaspérés.

Je dis cela pour les profanes charivaris des mastroquets, mais non pour les mâles motifs qui retentissent durant les laisser-courre... Sans être un veneur fanatique, on subit le charme et les entraînements d'une fanfare annonçant la vue de l'animal, signalant ses ruses ou proclamant les approches de ses fins. Les chiens eux-mêmes sont sensibles aux excitations spéciales de ces refrains cynégétiques. Ils finissent par en connaître les significations. C'est, pour eux, un langage à l'aide duquel on corrige leurs fautes et l'on entretient leur ardeur. La trompe est, avant tout, un instrument de plein air auquel il faut, pour décor, des forêts majestueuses et profondes — pour accompagnement, les clameurs des meutes — et pour auditoire, des escadrons d'écuyers vêtus de rouge. Le côté sentimental de mon étude m'oblige d'ajouter que les brutes seules sont rebelles à la poésie troublante d'une fanfare — entendue d'un peu loin, par une nuit d'août, alors que la lune jette sur les campagnes assoupies ses mystérieux silences et son manteau d'argent.

On naît bon sonneur. Si l'on n'a pas des dispositions particulières, on reste, toute sa vie, exécutant médiocre. Et cela se conçoit si l'on réfléchit que les airs qui sortent d'une spirale en cuivre, sans clef et sans trous, doivent être nécessairement *pensés* avant d'être *rendus*. On s'imagine à tort que la trompe nécessite un thorax large et puissant : N'a-t-on pas vu des jeunes filles, comme mademoiselle Laugé, exceller dans cet art ? De très hautes dames s'y sont révélées virtuoses de premier ordre. Les gentlemen qui s'appellent Anatole d'Autichant, Carayon-Latour, les marquis de Belbœuf et de Tréviso, le prince de Caraman et cent autres, réputés pour leur talent de sonneur, n'ont point la structure des colosses. Ils sont *doués*, et leurs professeurs n'ont eu qu'à perfectionner l'aptitude naturelle déposée par saint Hubert, dans leur berceau.

Si nos observations passent des régions aristocratiques aux rangs inférieurs des piqueurs, valets de chiens et autres subalternes d'équipages, nous rencontrons des gars sans aucune culture intellectuelle, ne sachant ni lire, ni écrire, ni parler, qui sonnent merveilleusement et déroutent, par leur maëstria, la science et l'expérience des maîtres. Copenet, le plus ancien des enseignants; Leroux, porte-trompette de Charles X; Tiberge, dont les leçons ont formé la génération sportive d'avant la nôtre; Normand, l'éminent directeur du cours actuel de la rue Duphot, où 1,800 élèves ont appris ou apprennent « de sa bouche » comment on envoie à l'écho un *change*, un *hallali* et une *curée* — tous, durant leur carrière, ont rencontré des exécutants remarquables qui n'avaient reçus aucuns conseils préalables. Mais ce sont, en somme, des exceptions.

Le plus grand nombre a besoin d'être guidé et ne peut — sans un travail opiniâtre — rendre convenablement les soixante-dix à quatre-vingts motifs d'usage constant. Pour posséder, à peu près, les trois cents airs imprimés dans les méthodes, connaître à fond les fanfares spéciales aux terroirs et aux habitations princières, savoir distinguer si telle sonnerie est l'œuvre du marquis de Dampierre (un compositeur duquel Louis XV disait en un piètre calembour: « C'est l'être le plus franc et le plus grand trompeur de mon royaume »; reconnaître le « Rendez-Vous » composé par Rossini pour le baron Schikler, et dire à première audition: « Voilà le *ralliement* cher au plus illustre des veneurs, Mgr le prince de Condé » — pour bien raisonner de cette musique à part — musique de bataille et non musique de chambre — il faut, comme en toutes choses ici bas, du goût, de la volonté et de la persévérance.

Il n'en est point des trompes comme des violons ou des pianos. A moins qu'elles soient faussées par un choc contre un arbre ou bossuées dans une chute, toutes — construites en cuivre pur martelé — sont de même modèle et de même justesse. Leur sonorité, qui varie généralement en raison directe de la gorge de leur pavillon, est exempte des discordances familières aux autres instruments à vent ou à cordes. L'embouchure seule joue un rôle dans l'émission des notes. C'est grâce à une embouchure plus ou moins bien adaptée à ses lèvres qu'un veneur peut, sans efforts, obtenir des « trilles », des « radoucis » et des effets d'acoustique d'une sonorité spéciale.

Avant tout, il importe de « se faire les lèvres » avec des exercices répétés — mais non prolongés. A ce sujet, je dirai au correspondant qui me demande la recette d'une pommade contre les gerçures et les boursouflures de la bouche, qu'il n'y a point de meilleur onguent que le repos. C'est aussi l'avis du professeur Normand, lequel a évité bien des découragements et bien des répugnances en prescrivant aux débutants de s'arrêter au bout de trois minutes.

Un veneur de mes amis porte toujours sur lui, dans un étui voisin du ceinturon de sa dague, des rondelles de citron qui cautérisent efficacement les plaies labiales.

Ce pansement provoque d'abord une cuisson douloureuse, mais quelques secondes après, la douleur disparaît et la muqueuse, parcheminée par l'action astringente de l'acide citrique, supporte parfaitement le contact du métal.

Les amazones chasseresses, initiées aux secrets de la trompe, ne montrent pas volontiers leur savoir, sous prétexte qu'elles perdent de leur grâce à tenir horizontalement le sonore instrument et à gonfler leurs joues, en sollicitant ses accents. Leur coquetterie aurait peut-être raison dans un salon, mais j'imagine que dans l'action cynégétique, et chevauchant sur le terreau des allées forestières, elles ne dépoétiseraient point le tableau. Au surplus, dès l'instant que la femme aborde les délassements masculins, elle fait litière des réserves imposées à son sexe. Elle n'est plus la colombe faible et désarmée sur l'impuissance et les infirmités de laquelle Michelet a soupiré de si belle prose.

Songez à la journée d'une jolie Madame conviée à une laisser-courre ! Lever à huit heures. Toilette qui consiste, après les ablutions d'usage, à revêtir une chemise de la plus douce batiste, sans plis malencontreux et sans dentelles offensantes. Ensuite, le corset de satin dont les baleines jouissent d'une irréprochable flexibilité et dont le busc a pour devoir de se prêter aux répercussions équestres. Et puis c'est le caleçon de tissu fin sur lequel s'appliquent les bas de soie noire et la culotte Louis XVI en drap léger — sans parler des bottines que le faiseur à la mode découpe dans un cuir souple et résistant. Alors seulement la jolie Madame passe la jupe qui est collante aux hanches — quitte à prouver à l'assistance que son *cob* n'est point seul à exhiber certains avantages d'arrière-main.

Enfin le corsage — taillé et passementé, suivant que madame fait ou ne fait point partie de l'équipage — a ou n'a pas « le bouton » pour employer le terme technique. Le chapeau lampion ou haut-de-forme, les gants trop larges en peau de daim, la cravache à pomme d'argent massive complètent cet accoutrement non dépourvu de crânerie provocante.

Après un déjeuner composé ordinairement d'œufs, de côtelettes et de thé additionné d'un rhum vivifiant, Madame se rend à la gare, descend à la station convenue, monte dans un landau qui la conduit, en forêt, au rendez-vous où son cheval s'ébroue, tenu en main par un valet de pied. Et la voilà en selle au moins pour quatre heures, riant des obstacles, sautant les fossés, franchissant les troncs d'arbres et dévorant l'espace... Elle veut être la première à l'hallali ; elle y sera ! Plaignons celle qui, tout à coup, se sent prise d'un malaise quelconque, car elle mourra plutôt que d'attirer l'attention en s'écartant pour desserrer une boucle ou défaire un bouton. Et puis, à qui oserait-elle demander de saisir la bride de son palefroi ou de l'aider à trouver l'agrafe et le lacet psychologiques.

Par bonheur cette débile créature possède des trésors d'énergie et des contentions inattendues qu'elle réserve pour la circonstance. Et la plupart du temps elle est rentrée chez elle, à Paris, vers six heures, après avoir vu servir le pauvre cerf mort pour son plaisir — comme, — jadis, les gladiateurs succombaient sous l'œil de César !

Vous croyez peut-être qu'elle est rompue ; qu'elle va, sitôt après dîner, reposer son corps chétif dans une couche attiédie et parfumée ? Point. Elle le livre aux avalanches toniques d'un *tub* glacé — après quoi elle le charge de jupons et de falbalas agrémentés de jais et de pierreries dont le poids total dépasse celui d'un crochet de bois ! Et elle court à l'Opéra, où elle entend les frères de Reszké, rose, épanouie, croquant des raisins glacés, écoutant les madrigaux des seigneurs en frac admis dans sa loge. J'en sais qui ont encore la force d'aller au bal où elles valsent jusqu'à l'aurore!...

O Michelet, ta « femme » relevait plutôt du monde où l'on est malade que du monde où l'on s'amuse !

XXXVIII

PATINAGE ET PATINEURS

On jurerait que la température en veut aux patineurs ; à peine quelques lacs ou étangs sont-ils gelés et le patineur se dispose-t-il à se livrer à son sport favori que — V'lan ! il dégèle.

Eh bien ! je vais me venger de la température, en ne tenant pas le moindre compte de ses caprices et en procédant comme si elle s'était maintenue au dessous de 0.

D'abord, je ne me consolerai jamais d'avoir été, en pure perte, me glacer les extrémités sur les pelouses du Cercle des patineurs et de m'être fait présenter, sans en causer un brin avec mes lecteurs, le héros de la saison, l'Américain Georges Frost... Ce jeune «squatter», dont l'existence se passe sur la glace, est fanatique de son art au point que ses déplacements rappellent, à rebours, ceux des oiseaux migrateurs. A mesure que le soleil fond les frimas du midi, il remonte vers le Nord, en sorte qu'il ne faudrait pas être surpris de le rencontrer, au mois d'août, en train de faire des « huit » et des « cercles » sur une banquise du Pôle Nord, devant une société d'ours blancs émerveillés de ses arabesques.

M. Frost est un progressiste qui n'admet d'autre patin que le *Club Skate*, tout en acier, à lame tangente, sans cannelures et sans courroies, s'adaptant hermétiquement à la chaussure à l'aide d'une clef. Que nous voilà loin du lourd engin, monté sur bois, à lanières multiples et offensantes, dont j'ai moi-même usé alors que mes reins jouissaient d'une entière souplesse ! C'était la « question du brodequin » appliquée dans toute sa rigueur, et pourtant nous ne nous apercevions des meurtrissures de l'appareil que quand nous en débarrassions nos jambes — rappelant, avec leurs lacis de cuir, les mollets des soldats mérovingiens. Notre ardeur était telle, alors, que nous filions sur la surface polie des canaux, sans songer à nos ecchimoses et à nos ampoules. C'était l'époque où le plaisir rendait notre épiderme insensible — où nous valsions sur des patins incommodes sans rien sentir, comme on valse au bal dans des escarpins trop étroits !

C'était l'âge heureux où l'on soupirait en poussant le traîneau dans lequel mademoiselle X... ou madame Z... se tenait nonchalante et emmitouflée. C'était la phase audacieuse de l'adolescence où l'on fait briller, sous l'œil de sa danseuse de la nuit dernière, la grâce de ses mouvements, la vigueur de ses jarrets et où l'on profite de ce que sa mère regarde dans une autre direction pour tracer sur la glace avec sa lame d'acier des cœurs enflammés, pleins d'éloquence. Les plus habiles d'entre nous parvenaient à écrire « je vous aime », et nous enviions à leurs pieds cette faculté calligraphique. Maintenant nous n'écrivons plus de ces choses — ni avec les pieds, ni avec les mains... Nous nous contentons d'admirer les ébats des dilettanti des deux sexes qui arborent, au Cercle, la toque de loutre et la pelisse de martre !

M. Frost, entre autres remarques où se révèlent sa compétence et ses études spéciales, me faisait observer que le patinage de fantaisie (*Fancy-Skating*) nous vient surtout d'Allemagne, d'Angleterre, de Pologne et de Russie. Selon lui, le yankee est également bon patineur. Aucun sport, aucun exercice physique ne lui offre, autant que le patinage, la possibilité de déployer son *inventive power*, sa hardiesse, son *go-head* et son *backwards* — mais, il ajoutait que, sous ce rapport, les races latines sont mieux douées que toutes les autres. Elles ont « d'entrées de jeu », et à leur insu, des dispositions particulières et se trouvent « chez elles » sur la glace, après un très court entraînement.

Je ne m'attarderai pas à énumérer les noms des habitués et des habituées du Madrid-Skating. Les journaux quotidiens les impriment tous les jours : la maëstria des Cartier, des Potocki et le charme des jolies femmes qui se mêlent à leurs quadrilles, ont été chantés sur tant de tons que je m'exposerais à des redites en signalant la gloire des uns et les séductions des autres. Je préfère consacrer quelques lignes à un spectacle dont se sont gaudis ceux que l'humilité de leur condition ou la modestie de leur fortune éloignent des enceintes réservées.

Quand les lacs de nos promenades se prennent, les oiseaux aquatiques qui les peuplent sont forcés de vivre à terre et d'y attendre philosophiquement la liquéfaction de leur élément. Or, il advint, dimanche, au Bois de Boulogne, qu'un brave bourgeois lança du pain sur la glace — d'une rive où s'étaient réfugiées des oies,

Vous peindre les glissades et les chutes involontaires des pauvres bêtes, attirées vers cette proie par leur gloutonnerie, est impossible. Et c'était, dans la foule, des rires inextinguibles !... Plusieurs personnes ayant, à leur tour, envoyé des brioches au large, des bandes de canards se mirent de la partie — corsant la comédie par un supplément de cabrioles inénarrables. Il y avait, dans la troupe, des comiques qui semblaient mettre de l'amour-propre à réjouir l'assistance et se livraient à des culbutes accompagnées de *couins-couins* du plus désopilant effet. Jamais Molière, Labiche et Meilhac réunis n'ont déridé autant de gens avec leur répertoire — ce qui est décourageant, puisque cela prouve qu'on peut être une oie et amuser son public !

Tandis que nous applaudissons aux prouesses de M. Frost, la Suède et la Norwège sont attentives devant les luttes de leurs patineurs indigènes. Christiania a vu aux prises Axel-Paulsen et Harald-Hagen engagés dans deux courses, l'une de 25,000 mètres et l'autre de 5,000. Le second a vaincu dans la première, franchissant ses 25 kilomètres en cinquante-six minutes. Huit mille amateurs assistaient à ce défi. Dans une seconde épreuve, Paulsen a pris sa revanche. Les deux rivaux sont d'une nature toute différente. Paulsen est un petit homme à jambes courtes âgé de trente-quatre ans, se tenant courbé et faisant des efforts continuels pour conserver sa vitesse. Hagen est un grand garçon de vingt et un an, patinant à grandes enjambées et sans efforts.

En Angleterre, la grande course du patinage pour « professionnels » s'est effectuée à Swavesey, entre Cambridge et Huntingdon. Sur 22 concurrents, 8 seulement ont couru 2 par 2, et à la quatrième épreuve G. Fish Smart, de Gravesend, est arrivé premier, battant Isaac See de Welney, deuxième. Le championnat d'amateurs, différé depuis de longues années à cause du manque de glace, a eu lieu à Cowbit Washs, près de Spalding. On comptait, au début, 32 inscriptions. Le vainqueur, M. Wallis, a dû courir 5 fois.

Plus récemment, Hambourg a été le théâtre de tournois intéressants où la Hollande a bravement soutenu l'honneur de son pavillon précédemment battu par la Norwège.

Il est fâcheux que Paris et ses environs ne possèdent point des espaces assez étendus pour nous permettre d'attirer chez nous ces concurrents d'élite. Ni les lacs de Meudon, ni ceux de Vincennes, ni ceux de nos cascades, petites et grandes, n'offrent assez de champ aux « volées » vertigineuses de ces fendeurs d'espaces!... Et puis il faut tout craindre d'un climat fantaisiste comme le nôtre : nous voyez-vous convier Suédois, Russes, Norwégiens et Hollandais à une fête qu'un dégel inattendu transformerait en un GACHIS-GALA ?

XXXIX

EN TEMPS DE NEIGE. — TOUT A LA PÊCHE. — BROCHETS, LOUTRES, GOUJONS, SAUMONS ET ALOSES.

Les lignes qu'on va lire sont des lignes d'hiver, — un chapitre de décembre.

La neige, qui disparaît si vite de nos rues sous l'effort des balais municipaux persiste dans les champs et navre les sportmen, auxquels la loi interdit de chasser tant qu'elle n'est pas fondue (la neige, pas la loi). Les frimas — qui ensevelissent plaines et forêts — ayant le mauvais goût de couvrir encore les régions suburbaines, ce livre entier ne suffirait pas à la liste des chasses décommandées depuis douze jours ! En tête, figurerait M. Grévy, lequel devait — mercredi passé — traiter ses amis dans les tirés présidentiels de Rambouillet. Puis viendraient cent autres seigneurs d'importance que je ne saurais trop complimenter de leur respect des règlements cynégétiques, car le motif qui a dicté la défense de chasser en temps de neige n'a pas de

www.ingramcontent.com/pod-product-compliance
Lightning Source LLC
Chambersburg PA
CBHW060643170426
43199CB00012B/1651